U0640920

零壹财经·零壹智库

ONLINE ARBITRATION

互联网仲裁行业发展
蓝皮书

零壹财经·零壹智库 ◎ 著

中国财富出版社有限公司

图书在版编目（CIP）数据

互联网仲裁行业发展蓝皮书.2021 / 零壹财经·零壹智库著.—北京：中国财富出版社有限公司，2021.6

ISBN 978 - 7 - 5047 - 7444 - 6

Ⅰ.①互…　Ⅱ.①零…　Ⅲ.①互联网络—仲裁—研究报告—中国—2021　Ⅳ.①D925.704

中国版本图书馆 CIP 数据核字（2021）第 094579 号

策划编辑	杜　亮	**责任编辑**	张红燕　王蓓佳	
责任印制	尚立业	**责任校对**	卓闪闪	**责任发行** 董　倩

出版发行	中国财富出版社有限公司			
社　　址	北京市丰台区南四环西路 188 号 5 区 20 楼		**邮政编码**	100070
电　　话	010 - 52227588 转 2098（发行部）		010 - 52227588 转 321（总编室）	
	010 - 5222766（24 小时读者服务）		010 - 52227588 转 305（质检部）	
网　　址	http://www.cfpress.com.cn	**排　　版**	宝蕾元	
经　　销	新华书店	**印　　刷**	宝蕾元仁浩（天津）印刷有限公司	
书　　号	ISBN 978 - 7 - 5047 - 7444 - 6/D·0186			
开　　本	710mm×1000mm　1/16	**版　　次**	2021 年 10 月第 1 版	
印　　张	12.25	**印　　次**	2021 年 10 月第 1 次印刷	
字　　数	170 千字	**定　　价**	88.00 元	

版权所有·侵权必究·印装差错·负责调换

研究机构	零壹财经·零壹智库
	横琴数链数字金融研究院
联合发布	网仲院
研究支持	中国投资协会数字资产研究中心
	中国科技体制改革研究会数字经济发展研究小组
	全联并购公会信用管理委员会
学术顾问	朱嘉明
编 委 会	朱嘉明　张永贵　王新峰　陈晓华
	刘新海　王晓婷　柏　亮　于百程
主　　编	柏　亮　于百程
主笔团队	温　泉　赵　越　于百程　马璐瑶

序　一

不要低估互联网仲裁，这是一个新开端

交易的数字化，已经非常普遍了。但是交易纠纷的数字化，是更难解决的问题。数字法治、法律科技的发展因此备受关注：它们发展得好，数字经济的发展就如虎添翼；反之，则处处掣肘。

如金融科技的发展，使金融服务的客户覆盖率急速攀升，交易笔数指数级上升，交易效率达到瞬时成交。但是解决交易纠纷（常见的一种体现是不良信贷的催收或争议）的效率就没那么高了。

生活在哪里，交易在哪里，纠纷就在哪里。20世纪90年代，万维网的出现促进了互联网快速发展，线上纠纷解决机制就出现了。

仲裁是一种"轻型"的、自愿的纠纷解决机制。一方面，互联网上高频、小额的纠纷比较适合用仲裁解决；另一方面，由于流程简洁等原因，仲裁本身也更容易实现线上化。

尤其金融科技的发展，对互联网仲裁的需求大增，也促进了互联网仲裁的发展。

金融科技的发展，需要数字法治的支撑。互联网仲裁是一个交叉点。这个交叉点这几年都在挣扎中发展。金融科技的波浪式发展影响着它的起落。执行环节的互联网化困难重重，导致互联网仲裁的发展遇到一些瓶颈。

这部《互联网仲裁行业发展蓝皮书2021》是一个新的开端，不仅系统地呈现互联网仲裁走过的历程、面临的困境，更重要的是展现了它的探索和创新。

第一，互联网仲裁行业已经形成了较为完整的产业链。电商、线上金融等需求方，仲裁委员会、法院等裁决和执行机构，第三方互联网仲裁服务平台、电子签名、存证、区块链等技术服务方，开始通过互联网有效协作。

第二，部分仲裁委员会的线上案件数量占全部案件的比重已经非常高。到 2019 年，就有 5 家仲裁委员会的线上案件数量占比超过 97%。

第三，部分科技公司把技术应用深入仲裁的关键环节，在解决执行立案和执行效果等方面开始突破。

第四，随着市场需求、实践创新和技术推动，互联网仲裁相关的政策和法规环境也正在逐步改善，互联网仲裁的效力正在得到改善。

我们的工作和生活已经越来越互联网化，纠纷也是如此。仲裁是当事人自愿将其争议提交给非司法机构的仲裁员组成的仲裁庭进行裁判、并受该裁判约束的一种制度。这种自愿原则更加符合和适应互联网状态、互联网精神、互联网治理。

当前，互联网仲裁的主要应用场景是互联网贷款的贷后环节。互联网贷款的规模未来会越来越大，这是由经济活动整体线上化的趋势决定的。同时，随着数字金融的发展，贷后争议的解决也会加速数字化。自愿仲裁的精神和原则，甚至可能会内化到数字资产的程序中，比如智能合约。

在其他互联网场景中，仲裁的应用一定也会越来越普及。

感谢这个行业中努力奋进，孜孜求索的每个人，感谢本书的提议者网仲科技的王晓婷女士，感谢为本书提供观点、经验和建议的每一位朋友，感谢研究团队的高效和认真，感谢出版社各位老师的支持。相信这部《互联网仲裁行业发展蓝皮书 2021》会让互联网仲裁行业的发展更美好。

柏　亮

零壹财经·零壹智库创始人

横琴数链数字金融研究院院长

序 二

互联网仲裁，更好地服务中国速度

早在 2005 年中国电子商务兴起伊始，商务部便提出：鼓励企业、行业协会等参与建设网上交易的安全认证体系、信用体系、互联网仲裁和网络公证体系。2015 年 3 月，广州仲裁委员会成立了我国首个网络仲裁（互联网仲裁）服务平台，自愿选择、一裁终局、独任审理、网上开庭等概念，打破了很多人对纠纷解决的固有观念，在社会上引发了一系列不同的声音，也一度让人对网络仲裁产生疑问。

作为资产管理行业多年从业者和执业律师，受邀为互联网仲裁第一本行业书籍撰写序言，我在思考应该从什么角度去落笔。诚然，在电子商务、金融服务场景中，从交易发起、形成合同到争议解决，互联网仲裁为异地交易提供了一个快速解决纠纷的可能性，却也并非所有场景都适合互联网仲裁。我想说本书讨论的正是互联网仲裁更加适合服务谁、互联网仲裁如何才能取得更长远的发展、得到更广泛的认可。

回顾去年这场突如其来的新冠肺炎疫情，全国的法院系统开始借力网络平台，无论当事人身在何处，只要开通网络端口，各方准时出现在直播平台上，案件就可以顺利进行，同时裁判文书也实现了短信、邮箱的生效送达。这一套措施既满足防疫需求，又切实便利了诉讼的参与方，对解决简单案件，简化部分流程取得了非常好的效果。如今，全国绝大多数法院已经开通网上立案、邮寄送达这样互联网加现场的办案模式。

网上开庭、电子送达已成常规流程。

2019 年，中共中央办公厅、国务院办公厅印发了《关于完善仲裁制度提高仲裁公信力的若干意见》，并发出通知，要求各地区各部门结合实际认真贯彻落实。该意见提出要加快推进仲裁制度改革创新，支持仲裁融入基层社会治理，积极发展互联网仲裁，推进行业协作和仲裁区域化发展；要加强党的领导，加大政府对仲裁工作的支持与监督力度，健全行业自律，完善司法支持监督机制，发挥社会监督作用。

可见互联网仲裁行业欠缺的不是技术，不是市场需求，更不是政策的鼓励、支持。从萌芽到快速发展，互联网仲裁行业需要从快速发展走向逐渐规范。越来越多的参与者对互联网仲裁流程更加了解；地方政府对仲裁机构进行积极监管；仲裁裁决执行过程中与法院的碰撞交流，让司法监督体系发挥巨大作用，同时也为仲裁机构合法裁决指明方向，互联网仲裁正在与各方主体产生着良性互动。

伴随互联网经济对生活的深刻影响，各行各业纷纷在网上爆发活力，我们真真切切地感受到了中国社会变革的速度。互联网仲裁就这样在试探、摸索中一路走来。时至今日，网仲科技已合作全国十几家仲裁机构，每年处理仲裁、裁后执行案件逾万件，我们相信在加强监管监督、积极推动行业自律的前提下，互联网仲裁一定能够被广泛了解、全面认可。当我们的法律服务保障体系伴随着技术环境的成熟而更加完善，互联网仲裁将会与司法诉讼互为补充，共同建设出一条助力电子商务、金融服务甚至更多行业发展的法律服务高速公路，也唯有这样，互联网仲裁才能更好地适应中国速度。

王晓婷

网仲科技首席战略官

目　录

第一章
数字法治的新图景

一、技术驱动下的法治变革

当今世界正迎来新一轮的信息革命浪潮，大数据、云计算、人工智能、区块链和5G（第五代移动通信技术）等数字技术飞速发展。回顾人类历史长河不难发现，每次技术大变革在对社会生产方式和人类生活方式产生根本性影响的同时，也为法治建设带来了新挑战和新机遇。随着数字技术的深入发展与广泛应用，数字技术相关领域的法治建设不健全、秩序不合理等问题日渐凸显，法治建设的范围亟须扩大，但同时数字技术也成为推动法治建设的关键力量，能够有力地促进国家治理体系的现代化和治理能力的提升。

（一） 数字技术为法治建设注入新内容

随着数字技术的深入发展，人类社会进入了数字化时代，社会生产生活呈现出数字化、智能化特征。在数字化时代，数字技术与实体经济加速融合，数据成为关键生产要素，现代化信息网络成为经济活动的主要载体，数字技术成为社会发展的核心驱动力。数字技术的发展使产业的生产方式、公司的治理模式及人们的生活方式发生了重大改变，也催生出更多具有新特点、体现新趋势的纠纷类型。与此同时，国家治理体系和法律制度规范也面临挑战，亟须重塑。

在数字化时代，数据成为与劳动力、资本、土地和技术等生产要素并列的生产要素。数据作为一种虚拟物品，具有非独占性和易复制性的特点。数据的所有权不一定完全属于某个经济主体。在数据的整个生命周期内会出现不同的支配主体，并且同一数据可以被不同的主体同时占有；数据一旦被生产出来，便很容易被复制，且复制成本极低，只需一个爬虫软件就可以快速地爬取大量的数据。因此，数据的所有权很难被界定。进一步地，数据所有权的难以界定导致数据难以被有效定价。在数字化时代，人们享受着免费信息的便利，机构享受着免费收集用户数据带来的利润。随着产业的深入发展，数据这一新的生产要素在采集、存储、传输和加工等过程中不断暴露出新的问题，而传统法治难以有效地解决这些问题。

伴随数字技术的发展，公司的治理模式也发生了重大变化，一批平台型互联网企业诞生，平台经济飞速发展。作为平台经济中的连接者，平台在打破供需双方信息壁垒的同时，也参与到了整个价值链体系的运作中。为实现自身发展，平台根据自身情况制定了治理规则、交易规则以及纠纷处理规则；一些平台甚至做出了利用规模优势进行市场垄断、价格歧视等损害消费者权益的行为，破坏了市场的竞争秩序。

数字技术的发展也体现在人们生活方式的变化上。根据中国互联网络信息中心（CNNIC）发布的《中国互联网络发展状况统计报告》，截至2020年12月，中国网民规模达9.89亿，互联网普及率达70.4%。在数字化时代，人们借助网络购物、外卖满足日常生活所需，利用视频网站、社交平台等新媒体平台获取信息，通过在线政务服务平台办理各类事项，生活方式因数字技术发生了巨大改变。不容忽视的是，数字技术在便利人们日常生活的同时，也带来了一系列法律问题。各种应用软件的出现，使个人信息泄露成了重大隐患，个人隐私保护制度亟待建立；自媒体、社交平台和短视频平台等互联网产业和应用的兴起，催生出网络信息传播权等新问题，对《中华人民共和国著作权法》《民法典》等法律法规提出了新的挑战①。

数字技术除在应用过程中对法治建设造成影响，其本身也对传统法治造成了一定的冲击。伴随数字技术的深入发展，算法成为未来经济系统演变的重要推动力量，人类正在进入一切皆可计算的时代②。算法决策和代码规制成为塑造社会秩序的重要力量，它们通常可以更高效地组织各方行动③。但这种算法决策和代码规制并非完美无缺的，而是一把"双刃剑"，仍旧需要法律法规予以规制。

（二） 数字技术为法治建设提供新动力

习近平总书记指出，没有信息化就没有现代化，要善于运用互联网技术和信息化手段开展工作。数字技术的发展为法治建设提供了新工具、新方法。

在立法决策过程中，利用互联网能够更加便捷、高效地征集公众意见，充分了解公众需求；在行政决策过程中，通过大数据分析舆情，可以更好地了解人心所向、民意所指，使行政决策更为科学精准；利用数字化手段推动电子政务发展，构建全流程在线服务平台，有助于打造阳光政务、推动智慧政府建设④。

在司法实践中，数字技术的运用使司法更加公开、透明。为进一步满足人民群众的多元司法需求，法院运用数字技术推动了互联网司法实践向多元解纷、诉讼服务、审判执行等领域延伸，建立了线上线下相结

---

① 支振锋. 信息化助力法治发展进步［N］. 人民日报，2019－07－05（09）.

② 徐恪，李沁. 算法统治世界——智能经济的隐形秩序［M］. 北京：清华大学出版社，2017.

③ 凯什，艾尼. 数字正义——当纠纷解决遇见互联网科技［M］. 赵蕾，赵精武，曹建峰，译. 北京：法律出版社，2019.

④ 同①.

合的诉讼服务体系，打造了集网上调解、网上立案、网上缴费、网上开庭、电子送达等服务于一体的一站式在线解纷模式；数字技术为建设智慧法院提供了技术保障，随着智慧法院建设的加速推进，传统的审判流程由线下转为线上，数据信息由纸质形式变为电子形式；在互联网技术的支持下，司法活动和诉讼方式从时间线单一、场景封闭、参与方固定的传统模式，逐步转向时间线开放、场景灵活、多方参与交互的线上线下融合新模式，庭审语音识别、电子证据展示、文书自动纠错、电子卷宗随案生成、智能辅助办案等手段使办案效率大幅提升；随着在线诉讼的发展，调解、立案、送达、庭审、举证、质证等诉讼环节都产生了变化，法院以设立互联网法院为契机，通过审理新型互联网案件，不断提炼、总结新的裁判规则，全面提升互联网司法的治理能力①。

二、数字法治的建设图景

数字技术为人们带来新的生活方式，为产业发展带来新的生产方式，成为国家治理的新领域，同时也成为法治建设的新助力。数字技术为推进依法治国及法治政府、法治社会建设提供全面、有力的支撑。利用数字技术可以更好地实现科学立法、严格执法、公正司法和全民守法，进而描绘数字法治建设的新图景。

（一） 数字技术促进立法的科学性

法律是治国之重器，良法是善治之前提。法律法规是法治建设最基础的要素，科学立法是法律得以发挥有效作用最基本的保证。法律必须

---

① 中华人民共和国最高人民法院. 互联网司法白皮书：中国法院的互联网司法 ［R/OL］. （2019 - 12 - 04） ［2021 - 03 - 20］. https：// www. Chinacourt. org/index. php/article/detail/2019/12/id/4704040. shtml.

体现广大人民的意志、顺应时代的潮流、符合时代的要求。

一部真正体现人民意志的法律，需要人民群众真正参与立法。在传统的信息交流模式下，立法前征求民意是一项耗费巨大的工程。互联网为人民群众广泛参与立法提供了便利与可能，"走好群众路线"成为互联网时代了解民意最便利的方式。在互联网时代，除了线下征求意见，通过网络征求意见可以吸引更多民众参与，通过网络收集的意见也更便于加工整理和进行数据分析。正如在互联网产业发展中必须依靠数据驱动战略一样，数字时代的立法大数据、民意大数据为实现科学立法提供了最大化的可能①。

与过去的法律法规不同，当前立法的目标是规范数字技术、数字社会的发展。数字社会的生机和活力在于技术创新，技术不仅成为第一生产力，更是社会发展的第一推动力。在数字化时代，法律法规要能够规制数字社会的新经济形态、新生产方式和新行为方式，同时也要激励和保护大数据、云计算、人工智能、区块链和5G等数字技术的创新发展。

（二） 数字技术赋能数字政府建设

数字政府建设是推进国家治理现代化的重要途径，也是数字法治建设的基础路径。习近平总书记在中国共产党第十九届中央委员会第四次全体会议中提出，"建立健全运用互联网、大数据、人工智能等技术手段进行行政管理的制度规则，推进数字政府建设"。

在数字政府建设过程中，数字技术为数字政府生态圈加速赋能。政府可以广泛获取信息、科学处理信息、充分利用信息，并使之数字化，用于优化政府治理，形成"用数据对话、用数据决策、用数据服务、

---

① 支振锋. "互联网＋" 时代的法治建设 ［J］. 群言，2017 （8）.

用数据创新"的现代治理模式①。数字政府可以实现跨地域、跨部门、跨层级、跨业务的系统管理，利用数字技术将原本分散在不同地理位置的实体政府组建成系统的数字化管理网络，将各类管理资源整合到一起。数字政府是透明化的政府，推行政务公开，让权力在阳光下运行。运用数字技术，能够打通政府与社会公众等不同主体间的治理数据，发挥多主体协同共治的新优势。数字政府能够实现以人民为中心，推动建设服务型政府，简化事前审批流程，提高事中、事后审批的效率，规范审批程序，规范中介服务，将需要多部门参与的串联审批改为并联审批，实现网上办理和网上审批等。数字政府的建设和发展离不开数字技术的支持。

（三） 数字技术提升司法透明度和效率

数字技术的深入发展不仅有助于实现司法的公开透明，将公安部门的侦查与执法、检察机关的自侦与公诉以及人民法院的审判与执行纳入人民群众的监督范围，还将进一步推动司法领域的智能化。

2013年以来，人民法院切实推进审判流程公开、裁判文书公开、执行信息公开和庭审公开四大平台建设，取得了重大进展；建立了中国审判流程信息公开网、中国裁判文书网、中国执行信息公开网、中国庭审公开网，不断促进司法公开透明。截至2021年5月，中国裁判文书网累计公开的文书总量超过2000万篇，访问总量超过615亿次；中国庭审公开网累计公开的庭审总量超过1200万场，全国已有3400多家法院接入庭审公开网，近30万名法官开展过网络庭审直播，全国各网站累计访问量高达360亿次，单场庭审最高点击量达9000万次，成了全世界最大体量的互联网庭审公开平台。

除公开透明外，数字技术还使得司法呈现出信息共享化、服务智能

---

① 周文彰. 数字政府和国家治理现代化 ［J］. 行政管理改革，2020 （2）.

化的特点。在信息共享化方面，全国"司法公有云"统一建成，由司法部制定统一标准，构建云架构体系，公证、律师、法律援助等20个系统已完成迁云并在云上运行，各地业务数据也基本上云，基本实现了数据集中、资源共享；司法行政大数据初步形成，与公安部国家人口基础信息库、民政部全国婚姻数据基础信息库、自然资源部全国不动产登记数据库建立数据共享机制，汇聚各业务数据14.4亿条。在服务智能化方面，通过人工智能的应用，法院系统实现了智能辅助文书处理、智能转换庭审笔录、智能辅助案件审理以及智能辅助司法服务等，提高了司法效率；针对在线诉讼中电子证据取证难、存证难、认证难的问题，法院积极探索"区块链+司法"模式，以大数据、云计算和区块链技术为基础，利用区块链技术的分布式存储、难篡改等优势，大幅度提高了电子证据的可信度与真实性。

三、数字法治的政策支持

为推动数字法治建设，近些年国家相关部门从规范新业态发展、创新新型纠纷解决机制两大方面入手，制定法律法规及相关政策，保障数字法治建设的顺利进行（见表1-1）。

在规范新业态发展方面，制定了《中华人民共和国电子签名法》《中华人民共和国电子商务法》，起草了《中华人民共和国个人信息保护法（草案）》，制定了《网络交易监督管理办法》，并在《法治中国建设规划（2020—2025年）》中提出"加强信息技术领域立法，及时跟进研究数字经济、互联网金融、人工智能、大数据、云计算等相关法律制度，抓紧补齐短板"。

纠纷解决机制是司法体系的重要组成部分，完善的司法体系是法治建设的保障。在数字法治建设过程中，传统的纠纷解决机制已经难以适应数字社会的多元化纠纷解决需求，新型多元化纠纷解决机制亟待建立。

2014 年 10 月 23 日通过的《中共中央关于全面推进依法治国若干重大问题的决定》中提出，完善调解、仲裁、行政裁决、行政复议、诉讼等有机衔接、相互协调的多元化纠纷解决机制。2015 年 7 月 4 日发布的《国务院关于积极推进"互联网＋"行动的指导意见》中又提出要建立多元化金融消费纠纷解决机制。之后，中国最高人民法院、中国人民银行、中国银行保险监督管理委员会又针对金融领域的纠纷制定了多元化纠纷解决办法，2019 年 11 月 19 日，三部门联合印发《关于全面推进金融纠纷多元化解机制建设的意见》。该意见中指出，要坚持把非诉讼纠纷解决机制挺在前面，建立、健全专业高效、有机衔接、便捷利民的金融纠纷多元化解机制，合理配置纠纷解决资源。

表 1-1　　　　　　　　数字法治建设相关文件

发布/施行日期	文件名称	主要目的/内容
2005 年 4 月 1 日	《中华人民共和国电子签名法》	规范电子签名行为，确立电子签名的法律效力，维护有关各方的合法权益
2008 年 3 月 28 日	《国务院办公厅关于加快电子商务发展的若干意见》	要推动网络仲裁、网络公证等法律服务与保障体系建设
2008 年 8 月 1 日	《中华人民共和国反垄断法》	预防和制止垄断行为，保护市场公平竞争，提高经济运行效率，维护消费者利益和社会公共利益，促进社会主义市场经济健康发展
2014 年 10 月 23 日	《中共中央关于全面推进依法治国若干重大问题的决定》	完善调解、仲裁、行政裁决、行政复议、诉讼等有机衔接、相互协调的多元化纠纷解决机制
2015 年 7 月 4 日	《国务院关于积极推进"互联网＋"行动的指导意见》	建立多元化金融消费纠纷解决机制

续　表

发布/施行日期	文件名称	主要目的/内容
2015 年 11 月 13 日	《国务院办公厅关于加强金融消费者权益保护工作的指导意见》	金融管理部门、金融机构要建立和完善金融消费投诉处理机制，畅通投诉受理和处理渠道，建立金融消费纠纷第三方调解、仲裁机制，形成包括自行和解、外部调解、仲裁和诉讼在内的金融消费纠纷多元化解决机制，及时有效解决金融消费争议
2015 年 12 月 1 日	《关于完善矛盾纠纷多元化解机制的意见》	要推进和完善矛盾纠纷多元化解机制
2016 年 6 月 28 日	《关于人民法院进一步深化多元化纠纷解决机制改革的意见》	合理配置纠纷解决的社会资源，完善和解、调解、仲裁、公证、行政裁决、行政复议与诉讼有机衔接、相互协调的多元化纠纷解决机制；充分发挥司法在多元化纠纷解决机制建设中的引领、推动和保障作用，为促进经济社会持续健康发展、全面建成小康社会提供有力的司法保障
2019 年 1 月 1 日	《中华人民共和国电子商务法》	保障电子商务各方主体的合法权益，规范电子商务行为，维护市场秩序，促进电子商务持续健康发展
2019 年 11 月 19 日	《关于全面推进金融纠纷多元化解机制建设的意见》	坚持把非诉讼纠纷解决机制挺在前面，建立、健全专业高效、有机衔接、便捷利民的金融纠纷多元化解机制，合理配置纠纷解决资源，保护金融消费者合法权益，促进金融业持续健康发展，全方位提升人民群众的获得感、幸福感、安全感
2020 年 10 月 21 日	《中华人民共和国个人信息保护法（草案）》①	保护个人信息权益，规范个人信息处理活动，保障个人信息依法有序自由流动，促进个人信息合理利用

① 《中华人民共和国个人信息保护法》已于 2021 年 8 月 20 日通过，自 2021 年 11 月 1 日起施行。

发布/施行日期	文件名称	主要目的/内容
2020 年 12 月	《法治社会建设实施纲要（2020—2025 年)》	坚持和发展新时代"枫桥经验"，畅通和规范群众诉求表达、利益协调、权益保障通道，加强矛盾排查和风险研判，完善社会矛盾纠纷多元预防调处化解综合机制，努力将矛盾纠纷化解在基层。全面落实诉讼与信访分离制度，深入推进依法分类处理信访诉求。充分发挥人民调解的第一道防线作用，完善人民调解、行政调解、司法调解联动工作体系。充分发挥律师在调解中的作用，建立健全律师调解经费保障机制。县（市、区、旗）探索在矛盾纠纷多发领域建立"一站式"纠纷解决机制。加强农村土地承包经营纠纷调解仲裁、劳动人事争议调解仲裁工作。加强行政复议、行政调解、行政裁决工作，发挥行政机关化解纠纷的"分流阀"作用。推动仲裁委员会积极参与基层社会纠纷解决，支持仲裁融入基层社会治理
2021 年 1 月 10 日	《法治中国建设规划（2020—2025 年)》	加强信息技术领域立法，及时跟进研究数字经济、互联网金融、人工智能、大数据、云计算等相关法律制度，抓紧补齐短板
2021 年 3 月 15 日	《网络交易监督管理办法》	规范网络交易活动，维护网络交易秩序，保护网络交易各方主体合法权益，促进数字经济持续健康发展

四、数字法治下多元化纠纷解决机制的新发展

随着我国改革开放的深入，国家进入了一个新的发展阶段，经济和社会的快速发展促使社会利益格局发生变化，催生出更多新型矛盾纠纷。

法院的单一诉讼机制难以应对复杂的社会纠纷和冲突，纠纷化解也从来不只是法院的事情。"案多人少"是当前法院面临的现实困难，推进多元化纠纷解决机制建设是缓解法院"案多人少"的根本办法，也是化解复杂的社会纠纷的必然选择。

在数字化时代，人们的纠纷解决需求不仅呈现出多元化特征，也呈现出线上化特征。多元化纠纷解决机制与互联网的结合越来越紧密，除了诉讼与互联网的深度融合，在线纠纷解决机制（Online Dispute Resolution，简称ODR）也为多元化纠纷解决机制注入了新的生机，二者相互补充，不断满足人们多元化、线上化的纠纷解决需求。最高人民法院在《关于人民法院进一步深化多元化纠纷解决机制改革的意见》中明确指出："根据'互联网＋'战略要求，推广现代信息技术在多元化纠纷解决机制中的运用。推动建立在线调解、在线立案、在线司法确认、在线审判、电子督促程序、电子送达等为一体的信息平台，实现纠纷解决的案件预判、信息共享、资源整合、数据分析等功能，促进多元化纠纷解决机制的信息化发展。"

（一） 智慧法院建设推动在线诉讼的发展

2016年，智慧法院建设被纳入国家信息化发展战略。相关政府部门通过互联网法院的建设和"移动微法院"的推广应用，不断推进我国智慧法院建设发展战略。随着智慧法院建设的加速推进，传统的审判流程从线下转移到线上，数据信息从纸面转移到"云"上或"链"上，对应的立案、调解、送达、庭审、举证、质证等诉讼环节都发生了深刻变化。①

————————

① 中华人民共和国最高人民法院. 互联网司法白皮书：中国法院的互联网司法 [R/OL]. （2019－12－04）［2021－03－20］. https：// www. Chinacourt. org/index. php/ article/detail/2019/12/id/4704040. shtml.

在互联网法院建设方面，2017 年 8 月 18 日，杭州互联网法院正式成立。2018 年 9 月 9 日、9 月 28 日，北京互联网法院、广州互联网法院先后成立。根据《中国法院的互联网司法》白皮书，截至 2019 年 10 月 31 日，杭州、北京、广州互联网法院共受理互联网案件 118764 件，审结 88401 件，在线立案申请率为 96.8%，全流程在线审结 80819 件，在线庭审平均用时 45 分钟，案件平均审理周期约 38 天，比传统审理模式分别节约时间约 3/5 和 1/2，一审服判息诉率达 98.0%，审判质量、效率和效果呈现良好态势。互联网法院实行"网上案件网上审理"的新型审理机制，集中管辖所在市辖区内的网络金融借款合同纠纷、网络购物合同纠纷、网络服务合同纠纷、网络侵权纠纷、网络著作权纠纷等十一类互联网案件。

在推广"移动微法院"诉讼平台方面，2017 年 10 月，浙江省余姚市人民法院率先上线"移动微法院"诉讼平台。2018 年 1 月，浙江省宁波市中级人民法院开通"宁波移动微法院"，并于同年 10 月向浙江全省法院推广。2019 年 3 月，最高人民法院在总结浙江法院实践经验的基础上，推动在北京等 12 个省（自治区、直辖市）辖区内法院进行全面试点。根据《中国法院的互联网司法》白皮书，截至 2019 年 10 月 31 日，"移动微法院"注册当事人已达 116 万人，注册律师 73200 人，在线开展诉讼活动达 314 万件。"移动微法院"基于微信平台，提供全国统一的界面入口，线上与线下有机衔接，支持网上立案、在线调解、在线送达、在线庭审、网上缴费等核心功能，实现了民商事一、二审案件全流程在线流转，有效地减轻了当事人的诉讼负担。

（二） 在线纠纷解决平台的创新发展

作为诉讼机制的重要补充，近年来，在线调解、互联网仲裁等在线纠纷解决机制在化解多元化、线上化纠纷过程中发挥了重要作用。2016 年，最高人民法院启动统一在线调解平台，积极覆盖纠纷受理、分流、调解、反馈等流程，不断实现当事人诉前调解、诉中和解和司法确认等事项的在线办理。根据《中国法院的互联网司法》白皮书，截至 2019 年 10 月 31 日，最高人民法院在线调解平台有 2679 个法院入驻，在线会集 21379 个专业调解组织和 79271 名专业调解员，共调解案件 1369134 件。此外，北京法院、成都市中级人民法院以及广州互联网法院等也上线了纠纷调解服务平台。

除在线调解外，互联网仲裁也成为当事人解决纠纷的有效途径。仲裁是国际通行的自治纠纷解决方式，也是我国多元化纠纷解决机制的重要组成部分。党的十八届四中全会指出，"要完善仲裁制度，提高仲裁公信力"。随着数字社会的深入发展，传统的仲裁不断转向互联网仲裁。互联网仲裁在处理电子商务纠纷、互联网金融纠纷等方面作用明显。此外，自新冠肺炎疫情暴发以来，互联网仲裁在处理国际商事纠纷方面也效果显著，成为国际仲裁机构仲裁业务发展的重要方向。

第二章
互联网仲裁的兴起及现状

一、互联网仲裁的内涵逐步拓展

互联网仲裁（Online Arbitration），也称为"网络仲裁""在线仲裁""线上仲裁""网上仲裁"。

互联网仲裁这一概念源自美国，是指仲裁的所有程序都通过电子邮件、在线交谈、视频会议等线上方式进行①。这种仲裁方式相较于传统仲裁方式来说具有更强的便捷性，能够极大地降低仲裁的经济成本和时间成本。其诞生之初主要是为了解决频发的网络争议给传统法院诉讼带来的挑战，所以在域外实践当中，它往往被应用于解决电子商务以及网络域名的争议问题。但是随着时间的推移和技术的进一步发展，互联网仲裁的场景也慢慢地渗透到仲裁的全领域，成为仲裁机构审理具体案件的一种有效手段②。

---

① ARSIC J. International commercial arbitration on the Internet—has the future come too early? [J]. Journal of International Arbitration, 1997, 14 (3).

② 刘宁，梁齐圣. 制度、技术、共联：线上仲裁机制建构的可能性三角——从新冠疫情对仲裁带来的挑战谈起 [J]. 商事仲裁与调解，2021 (1).

目前，中国对互联网仲裁还没有一个权威和统一的定义。

中国国际经济贸易仲裁委员会（以下简称贸仲委）是中国最早开展互联网仲裁业务的仲裁委员会。前任贸仲委网上争议解决中心负责人、现任中国海事仲裁委员会（以下简称海仲委）副主任李虎将互联网仲裁定义为：一种利用互联网技术资源来提供专业仲裁法律服务的网上替代性争议解决办法①。本质上它是一种仲裁程序，和常规仲裁一样，它是当事人依约将争议交付中立第三者（仲裁员）予以公断的争议解决方式。

该定义包含以下三个要点②。

其一，它强调利用互联网技术，程序在网上进行是互联网仲裁与常规仲裁相区别的主要标志。

其二，它强调互联网仲裁的内在机制和原理与常规仲裁一样，它不是一种新的争议解决机制。

其三，它指出了互联网仲裁区别于其他网上替代性争议解决办法的关键点。网上替代性争议解决办法，除了互联网仲裁，还有在线协商和在线调解。互联网仲裁和在线调解以争议是否在中立第三方的主持下进行与在线协商相区别；互联网仲裁以中立第三方是否有权单独就所涉争议予以裁判与在线调解相区别。

广州仲裁委员会是自2015年以来率先推动将互联网仲裁应用在互联网金融领域的仲裁委员会。广州仲裁委员会将互联网仲裁定义为：利用互联网等网络技术资源提供仲裁服务的网上争议解决方法。

实践中，对互联网仲裁的定义存在一些争议，争议点主要在于有多少程序在互联网上进行才算是互联网仲裁。

有的观点认为，互联网仲裁是指仲裁的全过程均在互联网上进行，

---

① 李虎. 网上仲裁法律问题研究［D］. 北京：中国政法大学，2004.

② 李虎. 网上仲裁法律问题研究［M］. 北京：中国民主法制出版社，2005.

即从仲裁协议的订立、仲裁程序的进行到仲裁裁决的做出，均利用电子邮件、网上聊天室以及与互联网配套的音像设施软件等手段进行①。这是对互联网仲裁定义最严格的一种界定。

还有的观点认为，互联网仲裁是指仲裁的主要程序，即仲裁协议的订立，仲裁的申请、立案、审理以及仲裁裁决的做出在网上进行②。这种界定比较符合现实情况。目前，仲裁方式正处于由传统化向数字化转型的过渡时期，仲裁的核心程序必须借助网络技术，必要的线下操作环节不可缺少③。

目前中国对于互联网仲裁最宽泛的定义是：互联网仲裁就是以网络为信息传输的工具的仲裁方式；只要仲裁的过程中有程序在线上进行，就可以定义为互联网仲裁④。

对互联网仲裁定义的争议，源于实际应用中出现的问题。在实际应用中，适用于互联网仲裁的案件大多为全部过程都发生在互联网上的纠纷，因为这类案件的全过程会在网上留下痕迹，有数据存证，用互联网仲裁的方式处理效率更高。如果案件中的部分环节不在互联网上发生，就会涉及需要将相关环节的数据上传到网上的问题，处理效率会因此降低，处理成本也会因此增加。一般来说，由于成本太高，这类案件选择利用互联网仲裁方式的比较少。

不过，仲裁方式的选择不是一成不变的。比如，在 2020 年新冠肺炎疫情期间，就有许多仲裁委员会选择利用互联网仲裁的方式处理案件。未来，互联网仲裁的内涵会在实践中逐渐丰富。

---

① 李广辉，曾炜，曾文伊. 网上仲裁法律制度研究 [J]. 汕头大学学报（人文社会科学版），2018，34（5）.

② 高伟民. 网上国际商事仲裁法律问题研究 [D]. 郑州：郑州大学，2010.

③ 岳柯贝. 跨境网上仲裁之初探 [J]. 西部学刊，2020（12）.

④ 周小明. 网上仲裁裁决的承认与执行问题研究 [D]. 北京：北京外国语大学，2018.

二、互联网仲裁的发展历程

互联网仲裁的起源要追溯到在线纠纷解决机制。

在线纠纷解决机制的诞生是与互联网、电子商务的蓬勃发展紧密关联在一起的。它起源于美国，之后传入中国。

中国的互联网仲裁早在 2000 年就已经诞生，但是其快速发展是从 2015 年开始的，这与中国互联网金融的飞速发展密切相关。

（一）ODR 的发展历程

1. ODR 的起源

ODR 是一种能独立于当事人的物理场所、大部分或主要过程利用互联网技术进行的争议解决机制①。ODR 的常用方法有在线诉讼、在线交涉、在线调解和在线仲裁。

ODR 在国际上的发展开始得较早，这与万维网的兴起密切相关。ODR 的起源可以追溯到 20 世纪 90 年代的美国。20 世纪 90 年代，美国互联网用户暴增，多样化的网络活动导致网络纠纷增加，而依托于万维网的电子商务的出现进一步加剧了网络纠纷的增加。当时，网络纠纷数量的激增为法院带来了巨大的压力，在通过司法途径解决网络纠纷陷入困境之时，ODR 开始在电子商务领域中出现，并逐渐显现其优势。

美国 ODR 的发展历经三个阶段。

第一阶段：1995 年之前。在这一阶段，并没有正式的 ODR 服务，解决网络纠纷主要依靠临时的非商业性手段，提供 ODR 服务的主要是 LI-

---

① 中国人民大学未来法治研究院. 网络法读书会第三十五期：ODR 机制在互联网时代的新发展 [EB/OL]. (2021 - 01 - 19) [2021 - 03 - 23]. http://lti.ruc.edu.cn/sy/xwdt/wlfdsh/3cc7b32dd95a4d0c847368a49cf88bd6.htm.

STSERV 的在线论坛与电子公告板上的版主①。

第二阶段：1995 年至 1998 年。在这一阶段，主要由大学提供 ODR 服务，包括相关网络纠纷的解决，如在线欺诈与虚假陈诉等纠纷的解决。

第三阶段：1998 年至今。大量的商业性 ODR 服务机构兴起，ODR 开始迅速发展。1999 年，美国国家技术与争议解决中心（NCTDR）开始了一项关于 eBay（易贝）卖家与买家间纠纷调解的试点项目，在两周内处理了 200 多起纠纷。随后，eBay 与 SquareTrade 公司②合作研发，设计出以技术为辅助手段，以协商谈判为核心的在线纠纷解决模式，这是 ODR 真正运用在线技术塑造自身优势的开端。在 20 世纪 90 年代后期，美国的在线纠纷解决系统 Cybersettle 和加拿大的电子谈判系统 Smartsettle 已经实现了当事人零会面在线解决争议③。美国对自身 ODR 模式的建设与完善，也引发了其他国家对 ODR 的思考。

在互联网时代，为了更好地解决线上纠纷，满足消费者的需求，各国纷纷开展对 ODR 模式的探索。比如，欧盟于 2013 年通过了《欧盟消费者 ODR 条例》，旨在通过设立 ODR 平台，借助 ADR（非诉讼纠纷解决机制）机构对因跨境在线销售合同和在线服务合同引发的争议以及成员国国内的在线交易争议进行调解④；2018 年澳大利亚维多利亚州民事及行政法庭（VCAT）启动 ODR 试点项目，解决标的额均低于 1 万美元的商品与服务纠纷。此外，日本、印度、越南等国家也已经开始建设自身

———————————

① 刘一展. 欧盟网上争议解决（ODR）机制：规则与启示［J］. 改革与战略，2016，32（2）.

② SquareTrade 公司是美国知名的第三方质保服务商。——编者注

③ 中国人民大学未来法治研究院. 网络法读书会第三十五期：ODR 机制在互联网时代的新发展［EB/OL］.（2021－01－19）［2021－03－23］. http：//lti. ruc. edu. cn/sy/xwdt/wlfdsh/3cc7b32dd95a4d0c847368a49cf88bd6. htm.

④ 邹国勇，李俊夫. 欧盟消费者在线争议解决机制的新发展——2013 年《欧盟消费者在线争议解决条例》述评［J］. 国际法研究，2015（3）.

的 ODR 模式。

对接、融合在线纠纷解决平台与电子法院是发展 ODR 的关键一环，因此，各国电子法院的建设是必不可少的。电子法院是指所有的庭审及其他相关诉讼行为都通过电子通信方式进行的诉讼审理模式。具体的电子通信方式包括音频、视频会议以及网络传输方式等。1997 年，德国法院开始实行网上立案与电子诉讼。1999 年之后，美国、澳大利亚、加拿大法院纷纷构建电子法院并投入使用。2015 年，英国建立在线法院（HMOC），其三位一体的"漏斗式"诉讼程序成为国际上较为先进的电子法院的实践①。

2. ODR 在中国的发展

中国对 ODR 的探索比美国等发达国家略晚，起步于 2000 年前后，最初用来解决互联网快速发展所带来的域名纠纷。

20 世纪末至 21 世纪初，互联网进入快速增长阶段。中国互联网络信息中心的数据显示，从 1997 年至 2001 年，中国互联网用户增长 130 多倍，域名注册数量呈爆发式增长，高达 12 万多个。随之而来的是日益增多的域名纠纷。这些纠纷包括域名侵犯在先注册的商标专用权，导致域名与他人商标混淆性相似，对他人商标构成"淡化"等②。

为了维护知识产权所有人的合法权益，促进网络健康发展，中国互联网络信息中心开始委托贸仲委在线解决域名争议。2000 年 12 月，中国国际经济贸易仲裁委员会域名争议解决中心（以下简称"贸仲委域名争议解决中心"）成立，并于 2005 年 7 月启用中国国际经济贸易仲裁委员会网上争议解决中心（以下简称"贸仲委网上争议解决中心"）名称。

---

① 中国人民大学未来法治研究院. 网络法读书会第三十五期：ODR 机制在互联网时代的新发展［EB/OL］. （2021－01－19）［2021－03－23］. http://lti.ruc.edu.cn/sy/xwdt/wlfdsh/3cc7b32dd95a4d0c847368a49cf88bd6.htm.

② 范丽敏. 李虎："网上仲裁第一人"［J］. 中国对外贸易，2016（2）.

2007 年 8 月，在保留"贸仲委域名争议解决中心"名称的同时正式以"贸仲委网上争议解决中心"名称对外开展工作。其受理的纠纷类型主要是域名纠纷，包括域名、通用网址、无线网址和短信网址的抢注纠纷。

与此同时，电子商务在中国也飞速发展。2002 年，中国电子商务交易额突破 1 万亿元。截至 2003 年 12 月 31 日，中国共有 www 站点约 595550 个，上网用户数约 7950 万人①。电子商务以互联网技术为基础，互联网具有虚拟性、主体匿名性、信息流转瞬间性等特征，电子商务的蓬勃发展也导致了许多不诚信的电商行为相继出现，产生的电子商务纠纷也越来越多②。为了改变当时中国电子商务纠纷难以及时有效地解决的局面，2004 年，中国电子商务法律网、北京德法智诚咨询公司发起成立"中国在线争议解决中心"。它的宗旨是通过提供中国 ODR 在线信息交换平台和服务，公平、公正、快速、便捷地解决与电子商务相关的争议。这是中国首家全面提供 ODR 服务的提供商（ODR Provider），服务内容包括在线仲裁、在线调解及在线和解等③。

贸仲委网上争议解决中心和中国在线争议解决中心是中国的两家重要的 ODR 服务机构。

ODR 依托网络技术的支持，能够实现中立第三方平台在线上化解用户间的纠纷，优势显著。

2012 年 12 月，阿里巴巴官方推出大众评审这一社会化判定平台，争议双方可在相应的评审员库中各选择不超过 15 位评审员，加上 1 名淘宝

① 中国互联网络信息中心. 第十三次中国互联网络发展状况统计报告［R/OL］.（2004 – 01 – 23）［2021 – 03 – 25］. www. cnnic. cn/hlwfzyj/hlwxzbg/hlwtjbg/2012/06/P020120612484927053285. pdf.

② 马晟誉. 我国互联网仲裁发展之困境解决机制探究——以电子商务纠纷裁决执行为视角［J］. 法制与社会，2020（28）.

③ 佚名. 中国在线争议解决中心［EB/OL］.（2010 – 03 – 12）［2021 – 03 – 25］. https：//China. findlaw. cn/jingjifa/dianzishangwufa/swjf/jftj/7910. html.

小二,组成 31 人评审团就电子商务纠纷进行少数服从多数的纠纷处理①。截至 2018 年,阿里巴巴的大众评审平台已累计完成超过 1 亿次的纠纷判定,这项创新为网络社会治理提供了新思考,打开了处理线上问题的新思路。另外,京东、苏宁易购、国美在线等电商平台也陆续推出了通过在线申诉、电子邮件、电话客服等渠道解决纠纷的服务。此外,一些官方组织也进行了 ODR 建设,比如,2012 年深圳市众信电子商务交易保障促进中心成立,2016 年中国消费者协会的投诉和解监督平台升级。电子商务的蓬勃发展推动了中国 ODR 的建设,从此,中国 ODR 开始全面发展。

由于 ODR 的发展需要在线纠纷解决平台与电子法院的对接、融合,所以中国迅速推进了电子法院的建设。2005 年,最高人民法院颁布了《人民法院第二个五年改革纲要(2004—2008)》,首次规定了多元纠纷解决机制改革的任务。从此,中国各地方法院开始推动"互联网 + 司法"审判机制创新。2015 年,吉林电子法院建成,作为国内首家省级电子法院,吉林电子法院基本可以实现诉讼全过程在线化。2017 年,杭州互联网法院成立,集中审理网络支付纠纷、网络著作权纠纷与网络交易纠纷等案件。2018 年,北京互联网法院、广州互联网法院相继成立,中国法院的信息化建设大步前进。根据《中国法院的互联网司法》白皮书,截至 2019 年 6 月,全业务网上办理、全流程依法公开、全方位智能服务的智慧法院体系已基本建成。

(二) 中国互联网仲裁发展的四个阶段

1. 中国互联网仲裁的起源:2000—2014 年

在中国,互联网仲裁是与 ODR 同步发展起来的。

如前文所述,贸仲委网上争议解决中心与中国在线争议解决中心是中国的两家重要的 ODR 服务机构,前者即中国最早提供互联网仲裁服务

---

① 龙飞.中国在线纠纷解决机制的发展现状及未来前景[J].法律适用,2016(10).

的机构。

贸仲委网上争议解决中心的诞生，与当时大量出现的互联网域名纠纷密切相关。当时，中国互联网络信息中心委托贸仲委在线解决域名争议。之所以委托贸仲委来做这件事，一方面是因为中国互联网络信息中心是一个管理机构，如果由它来解决域名纠纷，有"既做运动员，又做裁判员"的冲突，并且中国互联网络信息中心也没有那么多的专家来审理、裁决案件；另一方面是因为贸仲委是中国成立最早的国字头仲裁机构，在国内外具有较高的公信力。

2007 年 8 月，贸仲委网上争议解决中心正式对外开展工作之后，建立了专门的互联网网站以解决电子商务方面的争议，相关的通知、文件、材料和证据等均采用电子邮件等线上方式进行提交、发送，仲裁庭的开庭以网络视频会议、网络聊天室、网络交流屋等方式进行①，这是我国对互联网仲裁模式的初步探索。

2009 年，贸仲委通过了《中国国际经济贸易仲裁委员会网上仲裁规则》，正式开展在线仲裁业务。《中国国际经济贸易仲裁委员会网上仲裁规则》是世界上的第一个由主要仲裁机构发布的单行本互联网仲裁规则。当时美国仲裁协会（American Arbitration Association，简称 AAA）也有互联网仲裁规则，但该规则是对其常规仲裁规则的补充，而不是专门的互联网仲裁规则。同年 5 月，贸仲委网上争议解决中心开始受理电子商务争议和其他经贸争议，这标志着我国正式出现了与线下传统仲裁模式相对应的互联网仲裁模式。

然而，在这一阶段，互联网仲裁并没有发展开来。零壹财经·零壹智库就此问题专门对贸仲委网上争议解决中心最早的筹建者和负责人、现任海仲委副主任李虎进行了访谈。李虎谈到主要有以下几个原因。

第一，是仲裁成本的问题。一般来说，仲裁是一种高端的法律服务，

---

① 胡炜. 我国在线仲裁法律机制研究 [D]. 合肥：合肥大学，2020.

由仲裁员对案件进行审理裁决，需要向仲裁员支付较高的报酬。而当时电子商务的纠纷大多是小额争议，用仲裁的方式来解决成本太高。从仲裁委自身情况来看，主要精力用在处理普通大宗商事纠纷上，也就没有多余的精力处理批量的、小额的案件。

第二，在实践中发现，电商的小额纠纷更适宜通过电商平台内部的流程来处理，平台内部就能够消化大部分问题。互联网仲裁主要处理批量案件，可以进一步摊低成本。

第三，当时互联网仲裁还是一个新事物，社会对它的接受度普遍不高。在涉及金额较大的商事纠纷的仲裁中，当事双方还面临案件的保密性和安全性等方面的问题，这是由于互联网仲裁要求远程视频开庭，庭审过程做不到完全保密。

第四，互联网仲裁要落地会涉及相应的法律问题。即使仲裁委通过互联网仲裁出具了裁决书，还涉及法院的司法监督问题；如果是涉外案件，还涉及裁决的域外承认和执行问题，以及执行地国家法院的态度问题。当时中国只有一部《中华人民共和国电子签名法》，还没有《中华人民共和国电子商务法》，整体法律环境还有待完善。

综上所述，由于种种原因，在此阶段，互联网仲裁没有得到大力发展，直到 2015 年这种局面才开始改变。

2. 中国互联网仲裁的兴起：2015—2017 年

自 2015 年起，由于移动互联网的飞速发展，互联网纠纷案件的数量剧增，案件总体呈现出批量化与多元化的特点，类型上，以网络借贷方面的纠纷为主，少部分为网络购物与网络服务方面的纠纷。这是因为，一方面，我国各大电商平台均设立了平台内部的 ODR，当消费者发生争议或纠纷时为其提供解决的途径①。平台内部的 ODR 已经成为解决电子

---

① 储广婷. 电子商务纠纷视角下在线纠纷解决机制（ODR）研究 [J]. 现代盐化工，2020，47 (4).

商务纠纷的主体，只有少部分的电子商务纠纷会用到平台外部的 ODR。另一方面，随着互联网金融的繁荣发展，网络借贷成了小微企业和个人融资的重要途径，通过 P2P 平台（互联网金融点对点借贷平台）借款融资成为一种新型的热门借贷方式，涉及网贷平台的民间借贷纠纷数量也急剧增加①，网络借贷行业开始飞速发展（见图 2－1）。

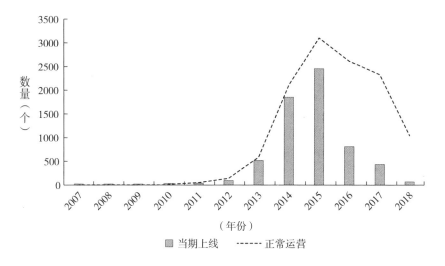

图 2－1　2007—2018 年 P2P 平台历年上线数与年末正常运营数

资料来源：零壹财经·零壹智库。

互联网仲裁兴起的 2015 年，正是 P2P 平台发展的高峰期，广州是 P2P 平台发展较繁荣的地方之一。

零壹财经·零壹智库发布的《P2P 网贷行业年度报告（2019）》显示，2015 年上线的 P2P 平台数量最多，高达 2474 家②。

从 2011 年开始，网贷行业开始出现问题平台现象，到 2015 年年底，问题 P2P 平台累计达到 1867 家，到 2018 年年底，问题 P2P 平台累计超

---

① 郑建庭，闫明，程雪迟. 网贷网络仲裁案件的执行［J］. 人民司法，2019（16）.

② 沈拙言，杨万里. P2P 网贷行业年度报告（2019）［R／OL］.（2020－01－09）［2021－03－25］. https：//www. 01caijing. com/article/255952. htm.

过 5000 家（见图 2 - 2）。《P2P 网贷行业年度报告（2019）》显示，2019年全年出现的 767 家问题平台中，数量最多的问题平台类型是"歇业停业"，其次是"清盘"，再次是"良性退出"。从问题平台注册地的地域分布来看，广东的问题平台最多，共有 194 家，约占全年问题平台总数的25.3%；排名第二的是北京，数量为 124 家，约占全年问题平台总数的16.2%；上海居于第三，数量为 90 家，约占全年问题平台总数的 11.7%。

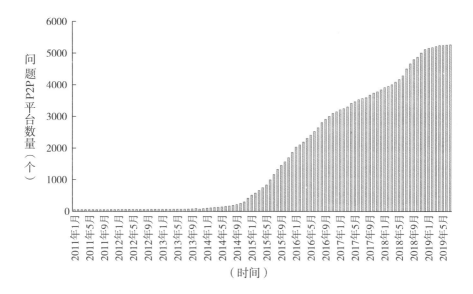

图 2 - 2　2011 年 1 月—2019 年 5 月问题 P2P 平台累计数量走势

资料来源：零壹财经·零壹智库。

在 P2P 平台蓬勃发展的同时，所衍生的网络借贷纠纷也开始大量增加。网络借贷纠纷具有人数众多、小额分散、跨地域性等特点，使得传统的纠纷解决机制凸显了专业性欠缺、效率低下、成本高昂等缺陷①。而互联网仲裁具有高效经济、专业保密和灵活性强等优势，天然地契合网络

---

① 栾思达. 网络借贷纠纷在线仲裁解决机制研究 [J]. 福建行政学院学报，2016（5）.

借贷纠纷的解决需求，因此，网络借贷纠纷成为互联网仲裁案件的主要构成。

此外，自2015年起，大数据、人工智能、云计算等数字技术开始被普及、应用，数字技术的高速发展使互联网仲裁在解决网络纠纷方面展现出了独特的优势，互联网仲裁在这一阶段开始蓬勃发展。

2015年，第十二届全国人民代表大会的政府工作报告中首次提出"互联网＋"行动计划，将原来在线下办理案件的程序搬到线上。同年，广州仲裁委员会成立了我国首个互联网仲裁服务平台。2015年9月，由广州仲裁委员会牵头，全国数百家仲裁机构共同参与的中国互联网仲裁联盟在广州成立，各地的仲裁机构展开了深入的合作；9月，广州仲裁委员会颁布了《中国广州仲裁委员会网络仲裁规则》，走在了我国互联网仲裁建设的前列。2016年，广州仲裁委员会正式推出仲裁云平台项目，在实现纠纷解决智能化的同时，也为仲裁员、律师提供了同类案件的数据统计和分析，实现了案件信息共享化和案件处理网络化，这是互联网仲裁行业的重要创新。2017年，上海仲裁委员会正式开通网上在线立案平台，加快建设互联网仲裁的步伐。

与此同时，多家第三方互联网仲裁服务机构在市场需求的推动下相继成立。

2015年3月，广州仲裁委员会成立了全国首个互联网仲裁平台，处理网络交易产生的纠纷。经过两年的实践，互联网仲裁在处理互联网消费金融所产生的批量小额纠纷方面的价值显现了出来。当时，全国各地的不少仲裁委员会意识到了互联网仲裁的价值，并且开始尝试搭建互联网仲裁平台，为电子商务纠纷的当事双方提供服务。但是，这样的尝试很快便遇到了一个问题，那就是仲裁委员会的中立角色与服务角色的冲突——在仲裁案件中，仲裁委员会扮演的是作为裁判者的仲裁庭的组织者和管理者的角色，应始终保持客观、中立；然而服务性平台运营的性质，让仲裁委不得不以服务者的身份为当事双方提供仲裁服务。角色的冲突让仲裁委员会在自建互联网仲裁平台上陷入了困境。

这给了第三方互联网仲裁服务机构发展的机会。2017 年至 2018 年，不少创业公司涌入这个领域，尝试搭建第三方互联网仲裁服务平台，连接各地仲裁委员会和金融机构，为大量互联网金融贷后纠纷提供仲裁技术服务。在高峰时期，这样的创业公司高达几十家。这其中包括，北京网仲科技有限公司（以下简称网仲科技）、北京知仲科技有限公司（以下简称知仲科技）、杭州互仲网络科技有限公司（以下简称互仲科技）、杭州亦笔科技有限公司（以下简称亦笔科技）等。

3. 中国互联网仲裁发展受挫：2018—2019 年

在经过一段时间的高速发展后，互联网仲裁行业发展遇阻，步入低谷。这是因为，一方面，由于 P2P 平台的网络借贷纠纷在互联网仲裁案件中占很大的比例，随着 P2P 平台的清退，互联网仲裁失去了一大部分案件来源；另一方面，互联网仲裁的价值遭到质疑，陷入了执行难的困境。根据司法部 2019 年年末的统计数据，2019 年全国运用互联网仲裁的方式处理案件的数量比 2018 年降低了 42%。这进一步导致大量的放贷机构与互联网仲裁平台解除合作，许多互联网仲裁服务机构因为业务量少而退出了这个领域。

造成执行难的原因，既有外部环境的问题也有互联网仲裁行业自身的问题。外部环境的问题主要体现在两个方面。一方面是互联网仲裁案件的基数庞大，导致执行难，各地方中级人民法院因为工作任务、执行程序及考核标准等问题难以承担大量互联网仲裁案件的执行工作；另一方面是一些法院不认可互联网仲裁的某些处理问题的方式，如不认可电子证据与电子签章的法律效力等。互联网仲裁行业自身的问题主要是仲裁的质量问题。早期，不少地方仲裁委员会为了追求互联网仲裁业务的速度，省去了应有的法律程序，这在实际应用中无法充分保障纠纷当事人的合法权益，因此许多地方法院不认可这些裁决的公信力，不予立案执行。其中，最为极端的是"先予仲裁"。①

2017年以来，由湛江仲裁委员会仲裁的P2P网络小额借贷纠纷执行案件大量涌入法院，在执行过程中，由于被执行人对"先予仲裁"有很多异议和强烈的抵触情绪，且该类案件缺少正当的法律程序，执行法院对此莫衷一是。2018年5月，厦门市中级人民法院在网上发布《厦门中院对"先予仲裁"执行说不！》一文，指责湛江仲裁委员会根据"先予仲裁"模式做出的互联网仲裁裁决。不久，湛江仲裁委员会发长文回应，表示"地方法院无权否认"。厦门市中级人民法院和湛江仲裁委员会的隔空"互怼"，引发了业界的广泛关注，也表明"先予仲裁"模式亟须统一的裁决尺度。

"先予仲裁"，即在欠款合同尚未履行或者未完全履行的情况下，仲裁机构就已做出具有法律执行力的仲裁裁决。该仲裁模式由湛江仲裁委员会首创，多用于解决网贷平台与借款人之间的金融借贷纠纷。"先予仲裁"模式的出现，一方面是由于我国金融监管政策不准网贷平台自身提供增信措施，网贷平台便与仲裁机构联合创造出了"先予仲裁"的模式以引入仲裁，进而为自身的借贷交易提供信用背书，意图借此进行自我增信以实现更高的盈利；另一方面部分仲裁机构创造出"先予仲裁"的模式来提高自身的工作效率。

《中华人民共和国仲裁法》（以下简称《仲裁法》）规定："平等主体的公民、法人和其他组织之间发生的合同纠纷和其他财产权益纠纷，可以仲裁。"也就是说，仲裁是在发生纠纷之后进行的。而"先予仲裁"是仲裁机构在网贷平台与借款人之间尚未发生纠纷的情况下，假设借款人不还款并做出裁决。有的仲裁协议甚至站在网贷平台一边，剥夺了借款

---

① 温泉. 互联网仲裁谷底重塑［EB/OL］.（2021-02-03）［2021-03-25］. https://www.01caijing.com/article/275104.htm.

人的正当申辩权利，约定借款人必须"放弃提供证据""放弃答辩权"①。"先予仲裁"避开了《仲裁法》的程序性规范，导致仲裁机构丧了中立原则和立场，沦为网贷平台讨债的工具②。在这种仲裁模式下，仲裁机构并未秉持公正的原则，反而为网贷平台讨债提供了方便，侵害了借款人的合法权益。

2018年6月，最高人民法院公布了《最高人民法院关于仲裁机构"先予仲裁"裁决或者调解书立案、执行等法律适用问题的批复》，认定"先予仲裁"违反《仲裁法》。之后一段时间，一方面，各地法院过度解读、执行最高人民法院的批复意见，对互联网仲裁案件采取极为严格的执行立案审查；另一方面，由于线上仲裁案件质量不高，线上仲裁员对金融领域的分析不够，线上仲裁程序存在缺陷，导致线上仲裁效率低、公信力不足，互联网仲裁行业的发展受阻。

此外，由于《仲裁法》和《中华人民共和国民事诉讼法》（以下简称《民事诉讼法》）未对互联网仲裁做出规定，存在立法空白，所以互联网仲裁裁决的法律效力具有不确定性，大量互联网仲裁裁决不被法院承认或执行，互联网仲裁发展遇到瓶颈。2019年，我国互联网仲裁处理案件总量相对于2018年减少了约15万件，降幅高达42%，我国互联网仲裁发展走入低谷。

4. 中国互联网仲裁公信力提升：2019年年底至今

2018年12月31日，中共中央办公厅、国务院办公厅印发了《关于完善仲裁制度提高仲裁公信力的若干意见》（以下简称《意见》）。《意见》指明了互联网仲裁行业的发展方向：要积极发展互联网仲裁，适应互联网等新经济新业态发展需要，研究探索线上仲裁、智能仲裁，实现

---

① 佚名."先予仲裁"不能成了P2P的新套路［EB/OL］．（2018 - 06 - 11）［2021 - 03 - 25］. https://www.thepaper.cn/newsDetail_forward_2187267.

② 周锦妹."先予仲裁"错在哪儿［N］. 江苏法制报，2018 - 08 - 21（00C）.

线上线下协同发展；建立完善涉网仲裁规则，明确互联网仲裁受案范围，完善仲裁程序和工作流程；研究仲裁大数据建设，加强对仲裁大数据的分析应用。同时，最高人民法院也对《最高人民法院关于人民法院执行工作若干问题的规定》进行了修订，保证互联网仲裁的执行效力。互联网仲裁行业的立法与司法方面的空白是整个行业面临的首要问题，《意见》提出，要对互联网仲裁规则、受案范围与程序等进行完善，这是对互联网仲裁领域的重大利好消息。伴随着相关法律规定的完善，互联网仲裁的公信力将会大大提升。《意见》的发布也提振了行业发展的积极性。2019 年 7 月，杭州仲裁委员会互联网仲裁院成立；2020 年 7 月，重庆仲裁委员会互联网仲裁院成立：这进一步推动了我国"互联网 + 仲裁"的建设进程。

2020 年，随着 P2P 平台加速退出市场，互联网仲裁行业在受到相应冲击的同时，对更加合理、高效的运行模式进行思考与探索。此外，政策的利好也在进一步推动互联网仲裁行业的创新发展。

2020 年 12 月 23 日，最高人民法院举行新闻发布会，发布《最高人民法院商事仲裁司法审查年度报告（2019 年）》（以下简称《报告》）。《报告》显示，2019 年，全国有 31 家仲裁委员会采取网上仲裁方式处理仲裁案件 20 万余件，占全国案件总数的 42.21%。

《报告》提出，要推动互联网仲裁发展。在新冠肺炎疫情期间，各仲裁机构积极通过网上立案、网上审理等方式办理仲裁案件，为当事人提供了便捷高效的仲裁服务，为推进复工复产发挥了重要作用。协同中华人民共和国发展和改革委员会（简称国家发改委）、商务部，积极支持推进亚太经济合作组织（简称亚太经合组织）在线争端解决机制建设工作，推荐有关机构参与试点工作，取得了积极进展。《报告》也提出，互联网仲裁案件中当事人程序权利保障不足的情况较为突出，亟待规范调整。

2021 年 1 月 21 日，最高人民法院发布《关于人民法院在线办理案件若干问题的规定（征求意见稿）》（以下简称《征求意见稿》），向社会公开征求意见。《征求意见稿》从在线诉讼效力、身份认证、电子证据材料的认定等方面，明确了人民群众在线参与诉讼和人民法院在线办理案件的相关规则。《征求意见稿》的发布，有助于进一步提升互联网仲裁的公信力，改善以往互联网仲裁案件执行效率低的问题，提升互联网仲裁的案件执行质量，加快互联网仲裁领域的司法建设，推动我国智慧司法的建设进程。

三、互联网仲裁的发展现状

从 2000 年起步，经历了 2015 年以来的高峰与低谷，总体来看，互联网仲裁目前还处于行业发展的初期。

下面从两个方面来看互联网仲裁的行业现状。

（一） 全国仲裁委员会运用互联网仲裁的现状

从全国来看，各地仲裁委员会的数字化程度并不高，并且差异较大。刘宁与梁齐圣在 2021 年 1 月发表的文章《制度、技术、共联：线上仲裁机制建构的可能性三角——从新冠疫情对仲裁带来的挑战谈起》中对目前的状况进行了描述。

第一，从地域上来看，不同地域的实践差异非常明显。经济发达地区、仲裁活动比较频繁的地区往往更早也更容易建构互联网仲裁系统，如广州仲裁委员会基本上已经建立起了一个比较完善的互联网仲裁机制；而经济稍微落后的地区或者仲裁活动比较少的地区，信息化建设水平往往比较低，有的地方甚至连自己的网页都没有。

第二，已经进行互联网仲裁实践的机构之间也存在很大的差异。有的机构已经出台了非常完善的互联网仲裁规则和其他相应的指引，但有的机构仅仅停留在实践的层面。拿经济发达的北上广深四个城市来说，贸仲委、广州仲裁委员会以及深圳国际仲裁院都已经出台了专门的互联网仲裁规则，而上海仲裁委员会始终没有出台专门的文件来为互联网仲裁提供明确的指引。

第三，已经制定了的互联网仲裁规则之间也存在许多差异，有的已经比较完善了，有的还有较大的进步空间。

根据司法部的统计数据，2019 年，全国 253 家仲裁委员会中，有 31 家仲裁委员会采取互联网仲裁方式处理仲裁案件，共处理案件 205544 件，约占全国案件总数的 42.21%，约占 31 家仲裁委员会案件总数的 73%（见表 2 – 1）。

2019 年 31 家仲裁委员会采取互联网仲裁方式处理的仲裁案件比 2018 年减少了约 15 万件，降低了约 42%。但是，2020 年新冠肺炎疫情期间，互联网仲裁获得了进一步的发展。贸仲委的数据显示，截至 2020 年 6 月底，当事人通过在线立案系统申请立案 372 件，是 2019 年全年在线立案数量总和的 5 倍多①。

表 2 – 1　2019 年 31 家仲裁委员会运用互联网仲裁方式处理案件的情况

编号	仲裁委员会名称	互联网仲裁案件数（件）	案件总数（件）	互联网仲裁案件数占比（%）
1	衢州仲裁委员会	106779	106886	99.90
2	广州仲裁委员会	33782	47737	70.77
3	保定仲裁委员会	15365	15653	98.16
4	湖州仲裁委员会	12598	12878	97.83
5	衡水仲裁委员会	10879	10978	99.10
6	萍乡仲裁委员会	7569	7695	98.36
7	武汉仲裁委员会	5256	8592	61.17
8	湛江仲裁委员会	4268	9636	44.29

---

① 傅成伟. "在线争端解决机制：现在与未来" 研讨会召开 [EB/OL]. （2020 – 07 – 01）[2021 – 03 – 28]. http://www.ccpit.org/Contents/Channel_4132/2020/0701/1272598/content_1272598.htm.

续 表

编号	仲裁委员会名称	互联网仲裁案件数（件）	案件总数（件）	互联网仲裁案件数占比（%）
9	珠海仲裁委员会	3436	4142	82.96
10	台州仲裁委员会	1501	3138	47.83
11	哈尔滨仲裁委员会	1131	4167	27.14
12	海南仲裁委员会	863	2762	31.25
13	普洱仲裁委员会	343	436	78.67
14	温州仲裁委员会	306	1153	26.54
15	汕尾仲裁委员会	286	1429	20.01
16	青岛仲裁委员会	285	5150	5.53
17	阜阳仲裁委员会	217	866	25.06
18	贸仲委	146	3479	4.20
19	宜春仲裁委员会	116	241	48.13
20	深圳国际仲裁院	110	7815	1.41
21	盐城仲裁委员会	106	567	18.69
22	肇庆仲裁委员会	55	503	10.93
23	宁波仲裁委员会	43	2616	1.64
24	南京仲裁委员会	37	1355	2.73
25	杭州仲裁委员会	28	10311	0.27
26	南宁仲裁委员会	15	1483	1.01
27	长春仲裁委员会	14	1762	0.79
28	舟山仲裁委员会	4	187	2.14
29	长沙仲裁委员会	3	2648	0.11
30	庆阳仲裁委员会	2	640	0.31
31	郑州仲裁委员会	1	3392	0.03

资料来源：司法部公共法律服务管理局。

从司法部的统计数据中可以看出，互联网仲裁案件数排名靠前的机构并不都是一线城市的仲裁委员会，有不少是中小城市的仲裁委员会。

这与各地仲裁委员会对互联网仲裁发展的重视程度有关，也与它们对互联网仲裁程序的把握有关。一些金融机构更倾向于选择能快速处理案件的仲裁委员会，这在目前互联网仲裁程序没有标准的情况下，会存在公平与速度相矛盾的情况。注重速度的仲裁委员会，可以在业务开展的初期赢得大量的案源，但是如果不能保证案件的裁决质量，用不了多久，仲裁裁决的公信力就会下降，导致案件的裁决难以被执行，业务不可持续。注重公平的仲裁委员会，恪守仲裁程序，会使得案件的处理速度变慢，实际上会造成缺乏案源的情况。

（二） 第三方互联网仲裁服务平台现状

据不完全统计，目前国内市场上的第三方互联网仲裁服务平台大约有 20 家。在行业发展达到最高峰的 2018 年，进入这个行业的创业公司达几十家，远多于 20 家。但是随着互联网仲裁乱象的出现和行业的整顿，不少公司退出了这个行业。

在互联网仲裁的鼎盛时期，进入这个行业的公司背景多样，其中有法律科技行业的创业公司、提供电子数据存证服务的平台、具有催收背景的公司、区块链公司、由支付公司孵化的公司等。目前，仍然活跃在互联网仲裁行业的公司主要有以下两类。

第一类是从运用互联网仲裁为互联网金融机构提供贷后服务切入该领域的创业公司，如网仲科技、互仲科技、亦笔科技、知仲科技、法捕快、互仲链等。

第二类是电子数据存证公司，如安存科技、法大大、易保全、天威诚信、上上签等。

这些公司目前服务的客户主要是助贷机构和持牌消费金融公司，但是业务量并不大。一方面，目前助贷机构和持牌消费金融公司并不是都采用互联网仲裁的方式处理贷后事宜；另一方面，即使是采用了互联网仲裁这种方式的公司，通过互联网仲裁处理的业务量也不大。

未来，第三方互联网仲裁服务平台会有一定的集中度，但是不会一家独大。会有集中度，是因为互联网贷款案件小额分散，天然要求平台具有遍布全国的处置能力，因此连接仲裁机构多的平台，会形成网络效应；不会一家独大，是因为互联网仲裁目前主要服务于互联网金融的贷后市场，对于大型金融机构来说，从业务稳健的角度考虑，贷后的相关业务不会只委托给一家供应商。

四、中国互联网仲裁发展大事记

2000 年以来，中国互联网仲裁行业的发展过程中发生了一系列标志性事件，下面是按时间顺序列举的 20 个大事记。

（1）2000 年，贸仲委最先提供线上服务，开始对互联网仲裁进行研究和论证，并成立了贸仲委域名争议解决中心。

（2）2007 年，贸仲委网上争议解决中心正式成立，并对外开展工作。该中心建立了专门的互联网网站以解决电子商务方面的争议，相关的通知、文件、材料和证据等均采用电子邮件等线上方式进行提交、发送，而且，仲裁庭的开庭以网络视频会议、网络交流屋等方式进行。

（3）2009 年，贸仲委发布了《中国国际经济贸易仲裁委员会网上仲裁规则》（以下简称《网上仲裁规则》），这是世界上第一个由主要仲裁机构发布的单行本网络仲裁规则。

（4）2009 年 5 月，贸仲委网上争议解决中心实施《网上仲裁规则》，开始受理电子商务争议和其他经济贸易争议，标志着我国出现了与线下传统仲裁模式相对应的互联网仲裁模式。

（5）2015 年，在第十二届全国人民代表大会第三次会议上，国家总理在政府工作报告中首次提出"互联网＋"行动计划，把原来的线下案件办理程序搬到了线上。

（6）2015 年 3 月，广州仲裁委员会成立了全国首个互联网仲裁平台，处理网络交易产生的纠纷。

（7）2015 年 6 月，国内首家电子法院吉林电子法院建成。

（8）2015 年 9 月，由广州仲裁委员会牵头，全国数百家仲裁机构共同参与的中国互联网仲裁联盟在广州市成立，各地的仲裁机构展开了深入的合作。

（9）2015 年 9 月，广州仲裁委员会颁布了《中国广州仲裁委员会网络仲裁规则》，走在了我国互联网仲裁建设的前列。

（10）2016 年，广州仲裁委员会正式推出仲裁云平台项目，在实现纠纷解决智能化的同时，也为仲裁员、律师提供了同类案件的数据统计和分析，实现了案件信息共享化和案件处理网络化。

（11）2017 年 4 月，上海仲裁委员会正式开通网上在线立案平台。

（12）2017 年 6 月，中央全面深化改革领导小组批准设立杭州互联网法院。

（13）2018 年 4 月，广东省高级人民法院对"先予仲裁"案件做出人民法院应当裁定不予受理；已经受理的，裁定驳回执行申请的决定。

（14）2018 年 6 月，最高人民法院公布了《最高人民法院关于仲裁机构"先予仲裁"裁决或者调解书立案、执行等法律适用问题的批复》，认定"先予仲裁"违反《仲裁法》，支持广东高级人民法院不予受理的决定。

（15）2018 年 9 月，北京互联网法院、广州互联网法院相继成立。

（16）2018 年 12 月 31 日，中共中央办公厅、国务院办公厅印发了《关于完善仲裁制度提高仲裁公信力的若干意见》，提出：要积极发展互联网仲裁，适应互联网等新经济新业态发展需要，研究探索线上仲裁、智能仲裁，实现线上线下协同发展；建立完善涉网仲裁规则，明确互联网仲裁受案范围，完善仲裁程序和工作流程；研究仲裁大数据建设，加强对仲裁大数据的分析应用。

（17）2019 年 7 月，杭州仲裁委员会互联网仲裁院成立。

（18）2020 年 7 月，重庆仲裁委员会互联网仲裁院成立。

（19）2020 年 12 月 23 日，最高人民法院举行新闻发布会，发布《最高人民法院商事仲裁司法审查年度报告（2019 年）》。其中提出：在疫情期间，各仲裁机构积极通过网上立案、网上审理等方式办理仲裁案件，为当事人提供了便捷高效的仲裁服务，为推进复工复产发挥了重要作用。协同国家发改委、商务部，积极支持推进亚太经合组织在线争端解决机制建设工作，推荐有关机构参与试点工作，取得了积极进展。其中也提出，互联网仲裁案件中当事人程序权利保障不足的情况较为突出，亟待规范调整。

（20）2021 年 1 月 21 日，最高人民法院发布《关于人民法院在线办理案件若干问题的规定（征求意见稿）》（以下简称《征求意见稿》），向社会公开征求意见。《征求意见稿》从在线诉讼效力、身份认证、电子证据材料的认定等方面，明确了人民群众在线参与诉讼和人民法院在线办理案件的相关规则。

第三章
互联网仲裁的特点

一、互联网仲裁与传统仲裁的对比

与传统仲裁相比，互联网仲裁的流程并无本质变化。根据《仲裁法》的规定，整个仲裁流程包括申请和受理、组建仲裁庭以及开庭和裁决三大阶段。不同的是，互联网仲裁将网络和信息技术应用到仲裁流程的各个阶段中，将仲裁过程中的纸质材料转化为电子材料，将面对面开庭转换成线上开庭，从而导致证据形式、仲裁送达要求、庭审方式等发生了变化。

（一） 证据形式不同

传统仲裁的程序在线下进行，当事人提交的证据材料多为书证、物证、视听资料、鉴定意见及勘验笔录等传统证据。互联网仲裁将仲裁程序由线下转为线上，整个仲裁流程均在线上进行，仲裁过程中流转的文书、通知和材料等由纸质形式转为电子数据形式，当事人提交的证据也以电子证据为主。

电子证据作为一种独立的证据类型已经在立法上获得了确认。根据《民事诉讼法》第六十三条的规定，证据包括当事人的陈述、书证、物证、视听资料、电子数据、证人证言、鉴定意见和勘验笔录。对于电子证据的具体范围，最高人民法院在《最高人民法院关于民事诉讼证据的若干规定》中进行了明确规定，电子数据证据包括网页、博客、微博客等网络平台发布的信息；手机短信、电子邮件、即时通信、通讯群组等网络应用服务的通信信息；用户注册信息、身份认证信息、电子交易记录、通信记录、登录日志等信息；文档、图片、音频、视频、数字证书、计算机程序等电子文件；其他以数字化形式存储、处理、传输的能够证明案件事实的信息。

借鉴上述规定，各仲裁委员会在互联网仲裁规则中对电子证据的形式进行了明确规定（见表3-1），非电子证据需要转化成能够有形地表现所载内容的电子证据。

表3-1 部分仲裁委员会在互联网仲裁规则中关于电子证据的认定

仲裁委员会	关于电子证据的认定
贸仲委	当事人提交的证据可以是以电子、光学、磁或者类似手段生成、发送、接收或者储存的电子证据
海仲委	当事人提交的证据可以是以电子、光学、磁或类似手段生成、发送、接收或储存的电子证据。对书证、物证、视听资料、鉴定意见及勘验笔录等证据，当事人可以如实转换成电子数据后提交，也可以在征得仲裁委员会仲裁院或仲裁庭的同意后采用或辅助采用邮寄和特快专递等其他方式提交证据
广州仲裁委员会	电子数据是指通过电子邮件、电子数据交换、网上聊天记录、博客、微博客、手机短信、电子签名、域名等形成或者存储在电子介质中的信息。 电子数据可以直接提交；对书证、物证、视听资料、鉴定意见及勘验笔录等证据，当事人应当如实转换成能够有形地表现所载内容，并可以随时调阅的电子数据后提交
武汉仲裁委员会	电子数据是指网上聊天记录、博客、微博客、手机短信、电子签名、域名等形成或者存储在电子介质中的信息。电子数据证据直接提交；非电子证据应当如实转换成能够有形地表现所载内容，并能随时调阅的电子数据后提交

资料来源：各仲裁委员会官网，零壹财经·零壹智库整理。

（二） 仲裁送达要求不同

仲裁送达是指仲裁过程中，仲裁委员会依照法定或者当事人约定的方式，将与仲裁有关的文书、通知和材料交付当事人和其他仲裁参与人的行为。仲裁送达贯穿于整个仲裁流程中，是衔接仲裁程序各个阶段的纽带和桥梁。目前，《仲裁法》并未对仲裁送达做出明确规定，而是由各仲裁委员会在仲裁规则中对此进行约定（见表3-2）。

在传统的仲裁程序中，与仲裁有关的文书、通知或材料往往都是纸质形式的，仲裁委员会通常采用直接送达、邮寄送达等方式将其送达双方当事人。通常情况下，与仲裁有关的文书、通知或材料被双方当事人签收后才视为有效送达。

表3-2　　　　　　　部分仲裁委员会关于仲裁送达的规定

仲裁委员会	关于仲裁送达的规定
贸仲委	（一）有关仲裁的一切文书、通知、材料等均可采用当面递交、挂号信、特快专递、传真或仲裁委员会仲裁院或仲裁庭认为适当的其他方式发送。 （二）上述第（一）款所述仲裁文件应发送当事人或其仲裁代理人自行提供的或当事人约定的地址；当事人或其仲裁代理人没有提供地址或当事人对地址没有约定的，按照对方当事人或其仲裁代理人提供的地址发送。 （三）向一方当事人或其仲裁代理人发送的仲裁文件，如经当面递交收件人或发送至收件人的营业地、注册地、住所地、惯常居住地或通信地址，或经对方当事人合理查询不能找到上述任一地点，仲裁委员会仲裁院以挂号信或特快专递或能提供投递记录的包括公证送达、委托送达和留置送达在内的其他任何手段投递给收件人最后一个为人所知的营业地、注册地、住所地、惯常居住地或通信地址，即视为有效送达
海仲委	（一）有关仲裁的一切文书、通知、材料等均可采用当面递交、挂号信、特快专递、传真或仲裁委员会仲裁院或仲裁庭认为适当的其他方式发送。 （二）上述第（一）款所述仲裁文件应发送当事人或其仲裁代理人自行提供的或当事人约定的地址；当事人或其仲裁代理人没有提供地址或当事人对地址没有约定的，按照对方当事人或其仲裁代理人提供的地址发送。

续 表

仲裁委员会	关于仲裁送达的规定
海仲委	（三）向一方当事人或其仲裁代理人发送的仲裁文件，如经当面递交收件人或发送至收件人的营业地、注册地、住所地、惯常居住地或通信地址，或经对方当事人合理查询不能找到上述任一地点，仲裁委员会仲裁院以挂号信或特快专递或能提供投递记录的包括公证送达、委托送达和留置送达在内的其他任何手段投递给收件人最后一个为人所知的营业地、注册地、住所地、惯常居住地或通信地址，即视为有效送达
北京仲裁委员会	（一）有关仲裁的文书、通知、材料等可以当面送达或者以邮寄、专递、传真、电子邮件的方式或者本会或仲裁庭认为适当的其他方式送达当事人或者其代理人。 （二）向当事人或者其代理人发送的仲裁文书、通知、材料等，如经当面送交受送达人或者邮寄至受送达人或者对方当事人提供的受送达人的营业地点、注册地、居住地、身份证载明地址、户籍地址，当事人约定的送达地址或者其他通信地址，即视为已经送达。 （三）经合理查询不能找到受送达人的营业地点、注册地、居住地、身份证载明地址、户籍地址，当事人约定的送达地址或者其他通信地址而以邮寄、专递的方式或者能提供投递记录的其他任何方式投递给受送达人最后一个为人所知的营业地点、注册地、居住地、身份证载明地址、户籍地址，当事人约定的送达地址或者其他通信地址，即视为已经送达

资料来源：各仲裁委员会官网，零壹财经·零壹智库整理。

互联网仲裁采用电子送达，即采用移动通信、电子邮件、传真等即时收悉的系统作为送达媒介，发出即代表送达。目前，各仲裁委员会在互联网仲裁规则中对电子送达的形式、生效的日期等做出了相应的规定（见表3-3）。

表3-3 部分仲裁委员会在互联网仲裁规则中关于电子送达的规定

仲裁委员会	关于电子送达的规定
贸仲委	（一）通过网络以电子方式发送的，收件人指定特定系统接受数据电文的，以数据电文进入该特定系统的时间为准；未指定特定系统的，以数据电文进入收件人任何系统的首次时间为准。 （二）通过传真方式发送的，以发送确认书上显示的日期为准

续　表

仲裁委员会	关于电子送达的规定
海仲委	（一）仲裁委员会仲裁院通过网上仲裁平台、移动通信号码、传真、电子邮件、即时通信账号等一种或多种电子方式进行送达。 （二）仲裁委员会仲裁院向当事人发送的仲裁文件，有以下情形之一的，视为送达：①仲裁委员会仲裁院将文件发送至当事人约定的电子送达地址；②仲裁委员会仲裁院向当事人发出在网上仲裁平台查看或下载文件的通知；③受送达人的媒介系统反馈受送达人已阅知，或有其他证据证明受送达人已经收悉的。 （三）第（一）款送达方式对应的系统显示发送成功的日期即为送达日期，但受送达人证明到达其媒介系统的日期与仲裁委员会对应系统显示发送成功的日期不一致的，以受送达人证明到达其媒介系统的日期为准
广州仲裁委员会	电子送达可以采用传真、电子邮件、移动通信等即时收悉的特定系统作为送达媒介。本会对应系统显示的传真、电子邮件、手机短信等发送成功的日期为送达日期，但受送达人证明到达其特定系统的日期与本会对应系统显示发送成功的日期不一致的，以受送达人证明到达其特定系统的日期为准
武汉仲裁委员会	（一）本会云平台立案的仲裁案件，采用电子送达方式送达裁决书、调解书、撤案决定书以及其他仲裁文书、通知等文件。 （二）当事人可以在仲裁协议或者合同中约定电子邮箱、移动通信号码、微信账号等，作为其电子送达地址或者号码。 （三）除裁决书、调解书、撤案决定书以外的仲裁文书、通知和其他文件可以采用电子邮件、短信、微信、电话及通过本会云平台送达的方式进行送达。裁决书、调解书、撤案决定书应当通过本会云平台或者采用电子邮件送达的方式进行送达

资料来源：各仲裁委员会官网，零壹财经·零壹智库整理。

互联网仲裁一旦实现全流程线上化，裁决书也是通过电子送达的方式送达。然而，对于仲裁裁决书采用电子送达方式，目前存在较大争议。《民事诉讼法》第八十七条规定："经受送达人同意，人民法院可以采用传真、电子邮件等能够确认其收悉的方式送达诉讼文书，但判决书、裁定书、调解书除外。"这样看来，仲裁裁决书采用电子送达的方式不符合

《民事诉讼法》的规定。在实际案件的处理中，应用电子送达的方式也确实会面临一系列的问题。比如，仲裁委员会使用电子邮件或微信等方式向被申请人发出立案通知，但被申请人没有发现，在案件执行阶段，被申请人表示自己的基本程序权利没有得到保障，从而导致法院对案件不予承认或执行。

（三） 庭审方式不同

根据《仲裁法》的规定，在开庭和裁决环节，仲裁委员会组建仲裁庭，对案件进行审理，但经当事人申请或者征得当事人同意，仲裁庭也认为不必开庭审理的，仲裁庭可以只依据书面文件进行审理。在传统仲裁中，对于需要开庭审理的案件，当事人无论是约定在仲裁机构还是在其他地方开庭，均有"线下场地"的需求，需要在线下组建仲裁庭。

互联网仲裁的发展使得庭审突破了时间、空间的限制，将"对席审判，坐地对质"的庭审模式变为在线庭审模式，即以网络视频或者其他电子通信形式进行庭审。通常在庭审过程中，仲裁员通过视频连线的方式核实双方当事人及委托代理人的身份信息、宣布庭审纪律、告知当事人权利与义务、总结争议焦点、把控庭审秩序；双方当事人通过网络视频向仲裁庭充分表达诉求和意见、出示证据和质证、辩论等，并接受仲裁庭询问。

目前，在线庭审已经变成一种合理有效的庭审形式。以广州仲裁委员会为例，其在《中国广州仲裁委员会网络仲裁规则》中指出，"仲裁庭认为必要时，可以通过网络视频庭审、网上交流、电话会议等适当的方式审理案件，但应当确保公平对待各方当事人。"仲裁庭进行网上开庭审理案件的，"应当提前五日将开庭时间和庭审方式通知双方当事人。当事人申请延期的，应当在审理前两日提出，是否延期，由仲裁庭决定"。

二、互联网仲裁与诉讼的对比

仲裁和诉讼存在共性，二者都是解决纠纷的制度，仲裁裁决和诉讼判决具有相同的法律效力，双方当事人必须全面履行，任何一方不履行，另一方可以申请强制执行。但在管辖机构、受理范围、审理方式、审判制度以及审理时间等方面存在明显差异。互联网仲裁是传统仲裁的线上化，与诉讼的本质差别是仲裁和诉讼的差别。

（一） 管辖机构、 受理范围不同

1. 管辖机构不同

诉讼指纠纷当事人通过向具有管辖权的法院起诉另一方当事人来解决纠纷。人民法院是国家的审判机关，严格按照行政区划层层设立，包括最高人民法院、高级人民法院、中级人民法院和基层人民法院四级。诉讼实行级别管辖和地域管辖。诉讼活动多由被告方所在地法院管辖，某些情况下还有可能由原告方所在地、合同签订地或合同履行地法院管辖。

仲裁由仲裁委员会解决纠纷争议。仲裁委员会独立于行政机关，与行政机关没有隶属关系，无须依据行政区划层层设立，可以在省（自治区、直辖市）人民政府所在地的市设立，也可以根据需要在其他设区的市设立，并在省（自治区、直辖市）的司法行政部门进行登记。仲裁不必考虑地域管辖和级别管辖的限制，当事人可以选择其共同信任且对纠纷解决较为方便的仲裁机构来处理双方之间的争议。

2. 案件受理范围不同

根据司法最终解决原则，任何纠纷和争议通过其他手段无法解决时，都可以诉诸法院，进行法律上的权威判定。仲裁却不同，根据《仲裁法》第二条和第三条的规定，平等主体的公民、法人和其他组织之间发生的合同纠纷和其他财产权益纠纷，可以仲裁；婚姻、收养、监护、扶养、

继承纠纷以及依法应当由行政机关处理的行政争议不能仲裁。

此外，当事人采用仲裁方式解决纠纷时，应当双方自愿，达成仲裁协议。没有仲裁协议，仲裁委员会将不予受理。而在诉讼过程中，当事人双方无须达成一致，无论对方当事人是否愿意，一方当事人均可以选择有管辖权的法院进行起诉。

（二） 审判人员的产生方式、 审理方式不同

1. 审判人员的产生方式不同

仲裁程序中的仲裁员是由仲裁委员会聘任的，一般为兼职人员，仲裁具体案件的仲裁员由当事人指定或仲裁协议规定。而诉讼的审判人员是由国家任命或选举产生的，具体案件的审判人员一般由审判员（法官）和人民陪审员组成，并由法院指派，当事人在庭审人员的组成方式上没有选择的权力。

2. 审理方式不同

仲裁以不公开审理为原则，当事人同意公开的，可以公开进行，但涉及国家秘密的除外。仲裁可以开庭进行，但当事人协商不开庭时，仲裁庭可以根据仲裁申请书、答辩书以及其他材料做出裁决。

诉讼则以公开审理为原则，以不公开审理为例外。法院审理诉讼案件，除非涉及国家秘密、个人隐私或法律另有规定，否则一律公开进行。同时，在诉讼案件一审过程中，无论是否公开审理，法院都必须开庭审理，不能进行书面审理。此外，根据 2016 年《最高人民法院关于人民法院在互联网公布裁判文书的规定》，除非特殊情形，法院做出的裁判文书应当在互联网公布。

（三） 审判制度、 审理时间不同

1. 审判制度不同

仲裁实行一裁终局的制度，裁决书自做出之日起发生法律效力。

《仲裁法》第九条规定："仲裁实行一裁终局的制度。裁决做出后，当事人就同一纠纷再申请仲裁或者向人民法院起诉的，仲裁委员会或者人民法院不予受理。裁决被人民法院依法裁定撤销或者不予执行的，当事人就该纠纷可以根据双方重新达成的仲裁协议申请仲裁，也可以向人民法院起诉。"而法院审理案件一般采用二审终审制度，第一审法院做出的判决、裁定，并不当然发生法律效力，当事人可以上诉，第二审人民法院做出的裁决则是终局裁判，当事人不得再次上诉。

2. 审理时间不同

《仲裁法》对于仲裁案件的审理期限并未做出明确规定，但根据《仲裁委员会仲裁暂行规则示范文本》第四十一条的规定："仲裁庭应当在仲裁庭组成后四个月内做出仲裁裁决。有特殊情况需要延长的，由首席仲裁员或者独任仲裁员报经本仲裁委员会主任批准，可以适当延长。"

而诉讼案件的审理时间明显长于仲裁案件的。《民事诉讼法》第一百四十九条、第一百七十六条的规定，"人民法院适用普通程序审理的案件，应当在立案之日起六个月内审结。有特殊情况需要延长的，由本院院长批准，可以延长六个月；还需要延长的，报请上级人民法院批准""人民法院审理对判决的上诉案件，应当在第二审立案之日起三个月内审结。有特殊情况需要延长的，由本院院长批准"。

三、互联网仲裁催收与传统催收的对比

互联网仲裁催收和传统催收是两种常见的不良资产处置方式。传统催收包括内部催收和委外催收，即金融机构内部催收以及外包催收公司的直接催收，主要手段包括上门催收，电话催收，短信催收，借助电子邮件、QQ、微信等网络工具的催收以及随技术进步发展起来的智能催收。

催收的本质是债权人基于合法债权而请求债务人清偿债务的权利①。然而，在催收行业快速发展的同时，相应的法律法规和政策监管等相对滞后，由此导致传统催收行业野蛮生长，成为极具社会舆论争议的行业。

（一） 合规程度不同

互联网仲裁催收属于司法催收的范畴，其合规性高于传统催收。《民事诉讼法》《中华人民共和国电子签名法》《仲裁法》《最高人民法院关于适用〈中华人民共和国仲裁法〉若干问题的解释》等为互联网仲裁提供了合法性基础。党的十八届四中全会指出，要"完善仲裁制度，提高仲裁公信力"。仲裁是国际通行的当事人自治纠纷解决方式，是我国多元化纠纷解决机制和社会治理体系的重要组成部分，也是我国法治化、国际化、便利化营商环境的要素之一。伴随数字经济的深入发展，互联网仲裁的发展也得到了国家的大力支持。中共中央办公厅、国务院办公厅在《关于完善仲裁制度提高仲裁公信力的若干意见》中提到，要积极发展互联网仲裁，依托互联网技术，建立网络化的案件管理系统以及与电子商务和互联网金融等平台对接的仲裁平台，研究探索线上仲裁、智能仲裁，实现线上线下协同发展。

与互联网仲裁催收不同的是，由于法律体系不健全、监管部门不明确以及从业人员不规范，传统催收深陷"不法性泥沼"。在传统催收中，将债务人强行带至他处，或施以凌虐，迫使债务人家属筹措款项偿还欠款；或恐吓债务人或其家属，如寄发恐吓信件威胁对其子女不利；或至债务人之居住处所、工作场所，喷洒油漆或于墙壁涂鸦、悬挂布条等散布欠债消息，对债务人施压，迫使债务人还款等情况时有发生②。滥用客

---

① 王怀勇，刘帆. 债务催收治理的法制困境及出路 [J]. 南方金融，2019 (4).

② 谭曼，段明. 中国债务催收行业的机遇、挑战及其治理 [J]. 首都师范大学学报（社会科学版），2019 (2).

户信息，导致客户个人隐私信息泄露的问题屡见不鲜。

目前，我国关于催收治理的法律法规以部门规章和地方性法规为主，缺少专门适用于催收治理的规范。催收从业人员良莠不齐，其中一些人员既无信用调查经验，也无催收管理经验，更无催收谈判技巧。一些不良催收机构为获取利润，雇佣不合格催收人员，导致整个传统催收行业泥沙俱下，产生了"劣币驱逐良币"的市场现象。

为遏制不法催收现象的发生，政府相关监管部门对暴力催收、信息欺诈等行为进行严格监管。2020 年 12 月 26 日，第十三届全国人民代表大会常务委员会第二十四次会议表决通过了《中华人民共和国刑法修正案（十一）》，该修正案当中明确对催收高利贷定性，将采取暴力、胁迫等手段催收高利放贷等产生的非法债务的行为规定为犯罪。2017 年 5 月 9 日，最高人民法院召开新闻发布会，通报《最高人民法院、最高人民检察院关于办理侵犯公民个人信息刑事案件适用法律若干问题的解释》，提到非法获取、出售或者提供行踪轨迹信息、通信内容、征信信息、财产信息 50 条以上即构成犯罪。催收公司在查找失联债务人的时侯，面临查找系"合法获取"和"非法获取"的界定和争议。

（二） 中立性不同

在传统催收中，通常为催收公司接受放贷方的委托，向借款人催还欠款。催收公司通常会站在放贷方的角度，而忽视借款人的利益和需求。互联网仲裁则是建立在双方自愿的基础上制定仲裁协议，约定仲裁委员会。《仲裁法》第四条规定："当事人采用仲裁方式解决纠纷，应当双方自愿，达成仲裁协议。没有仲裁协议，一方申请仲裁的，仲裁委员会不予受理。"因此，在使用互联网仲裁催收的过程中，仲裁委员会接受仲裁申请，安排仲裁员为双方当事人调解，立场相对中立，更能兼顾双方当事人的利益诉求。

四、互联网仲裁自身的优势

互联网仲裁、传统仲裁、诉讼以及传统催收是当下争议纠纷处置的四种主要方式，通过对四者进行对比可以看出，互联网仲裁在智能化程度、成本效率、保密性及灵活性上具有一定优势。

（一） 智能化程度较高， 适应数字经济的发展需求

随着数字经济的发展，线上交易成为商业活动的重要交易形式，电子商务纠纷也越来越多。在当前"案多人少"的审判工作形势下，若执意追求诉讼优势，通过诉讼手段来解决纠纷，势必造成纠纷解决效率低下，当事人的部分权益受损。而互联网仲裁可以为当事人提供便捷高效的纠纷解决服务，其创新和发展恰逢其时。

与此同时，数字技术的发展为互联网仲裁的实现提供了保障。密码认证、生物识别等技术的应用提升了电子签名、电子签章等手段的真实性；区块链技术分布式、防篡改、高透明、可追溯的特性与证据真实性、合法性、关联性的"三性"要求高度匹配，能较好地解决电子证据的应用痛点；人工智能技术的应用，则实现了部分仲裁流程的智能化处理。数字技术与仲裁的深度融合，使互联网仲裁在充分保障当事人权益的同时，实现了效率的最大化。在互联网仲裁过程中，客户可以直接通过业务系统或第三方系统将相关数据推送至仲裁委员会的网络平台，实现案件受理、立案和裁决的线上化。此外，对于同一类型的案件，仲裁委员会在对第一单案件类型固化后，即可实现批量裁决。

（二） 仲裁费用较低， 降低了纠纷处理成本

根据国务院制定的《仲裁委员会仲裁收费办法》，当事人申请仲裁，应向仲裁委员会缴纳仲裁费用，仲裁费用包括受理费和案件处理费。其

中，案件处理费包括仲裁员因办理仲裁案件出差、开庭而支出的住宿费、交通费及其他合理费用；证人、鉴定人、翻译人员等因出庭而支出的住宿费、交通费、误工补贴；咨询、鉴定、勘验、翻译等费用；复制、送达案件材料、文书的费用；其他应当由当事人承担的合理费用。互联网仲裁的各个环节通过数字化方式在网络上进行，仲裁参与人员既无须打印、复制大量纸质文件，也无须舟车劳顿参加开庭，使得案件处理费用大大降低。此外，仲裁委员会采用电子送达方式送达仲裁文书及相关材料，无须进行公告，当事人可以省掉公告费用支出。

目前，对于互联网仲裁案件，部分仲裁委员会制定了相应的收费标准。相较于传统仲裁，互联网仲裁的费用明显较低。以海仲委为例，其针对非批量案件和批量案件分别制定了不同的收费标准（见表 3－4）。批量案件是指申请人通过与仲裁平台进行数据对接，可批量上传案件信息，对于其中的类型化案件，仲裁委员会可以按照同案类裁的方式进行批量处理，人工处理成本大幅度降低，因此收费标准也有所降低。

表 3－4 海仲委对非批量案件和批量案件的收费标准

非批量案件		批量案件	
争议金额	仲裁费用	争议金额	仲裁费用
5000 元（含）以下	500 元	3000 元（含）以下	100 元
5001～10000 元	1000 元	3001～5000 元	200 元
10001～50000 元	2000 元	5001～10000 元	300 元
50001～100000 元	4000 元	10001～50000 元	800 元
100001～150000 元	6500 元	50001～100000 元	2000 元
150001～200000 元	9500 元	100001～150000 元	3000 元
200001～500000 元	9500 元＋超过 20 万元部分的 3.0%	150001～200000 元	4500 元
500001～1000000 元	18500 元＋超过 50 万元部分的 1.7%	200001～300000 元	5500 元

续 表

非批量案件		批量案件	
争议金额	仲裁费用	争议金额	仲裁费用
1000001～2000000 元	27000 元 + 超过 100 万元部分的 0.7%	300001～500000 元	6500 元
2000001～10000000 元	34000 元 + 超过 200 万元部分的 0.6%	500001～1000000 元	10000 元
10000001～20000000 元	82000 元 + 超过 1000 万元部分的 0.5%	1000001～2000000 元	15000 元
20000001 元（含）以上	132000 元 + 超过 2000 万元部分的 0.4%	2000001～5000000 元	32000 元
—	—	5000001～10000000 元	52000 元

资料来源：海仲委官网，零壹财经·零壹智库整理。

（三） 仲裁周期短， 效率提升明显

在整个互联网仲裁过程中，当事人只需通过线上程序就可以完成立案申请、文书递交、证据提交等步骤，使得效率得到了大大提升。从案件处理周期来看，互联网仲裁的周期明显比传统仲裁和诉讼的短（见表 3 - 5）。以广州仲裁委员会为例，其在《中国广州仲裁委员会网络仲裁规则》中规定："仲裁庭应当自组成之日起三十日内做出裁决。"根据广州仲裁委员会披露数据，2020 年，广州仲裁委员会在处理 150 余件金融借款纠纷案件时，平均结案时间不超过三个星期。

表 3 - 5　　　互联网仲裁、传统仲裁和诉讼的审理周期对比

类型	审理周期
互联网仲裁	仲裁庭应当自组成之日起三十日内做出裁决
传统仲裁	仲裁庭应当自组成之日起四个月内做出裁决；适用于简易程序的仲裁，仲裁庭应当自组成之日起两个月内做出裁决；对于金融仲裁，仲裁庭应当自组成之日起三个月内做出裁决

续　表

类型	审理周期
诉讼	人民法院适用普通程序审理的案件，应当在立案之日起六个月内审结，人民法院审理对判决的上诉案件，应当在第二审立案之日起三个月内审结；人民法院适用简易程序审理案件，应当在立案之日起三个月内审结

注：表中互联网仲裁案件处理周期为《中国广州仲裁委员会网络仲裁规则》的规定。

（四） 不公开审理， 迎合当事人保密性需求

诉讼本身以公开为原则，仲裁则不公开进行。仲裁的保密性能够帮助当事人快速、有效地解决纷争。

第一，仲裁的保密性有助于维护当事人的声誉和商誉，仲裁一般处理的是合同和财产方面的纠纷，这些纠纷往往涉及违反合同约定、资金匮乏，甚至违反诚信原则等，这些事项一旦公开，通常会给当事人的声誉和企业的商誉带来不良影响，仲裁的保密性正好能够限制不利信息的扩散，避免给企业造成经济损失；第二，仲裁的保密性能够保护当事人的商业秘密，比如重要客户名单、商品的定价策略、企业运营数据等，这些信息一旦公开，将失去其原本的商业价值；第三，仲裁的保密性能够在很大程度上防止引起不利的连锁反应，当事人不必担心连锁诉讼和仲裁，避免在其他的关联诉讼或仲裁中处于不利地位，有助于当事人快速解决纠纷①。

（五） 摆脱地域限制， 适应纠纷的跨地域性

互联网仲裁摆脱了地域限制，使得双方当事人在纠纷处理上具有较大的灵活性，契合了互联网纠纷跨地域性的特点。一方面，互联网金融

---

① 辛柏春. 国际商事仲裁保密性问题探析 ［J］. 当代法学，2016，30 （2）.

纠纷是互联网仲裁的重要应用场景，而互联网金融纠纷涉案人员多、地域分布较为分散，相较于诉讼，互联网仲裁无地域管辖限制，金融机构和客户在签订仲裁协议时，只需约定相应的仲裁委员会即可，一般不会产生管辖异议；另一方面，随着"一带一路"倡议的深入实施，跨境商事活动快速发展，争议解决的需求不断扩大，为互联网仲裁的实践提供了广阔的市场空间，和传统仲裁相比，互联网仲裁线上化、无纸化的特点，能够较好地适应解决跨境纠纷的需求。

第四章
互联网仲裁在金融领域的应用

一、互联网仲裁的主要应用场景

互联网仲裁目前的应用场景有三类：域名纠纷、电子商务、互联网金融。其中应用最多的场景是互联网金融。

在中国，互联网仲裁最早被应用于域名纠纷问题的解决。

最早在 1999 年，中国互联网络信息中心在其管理工作中遇到了域名纠纷问题，这些域名纠纷问题包括域名侵犯他人的注册商标专用权、域名与他人商标混淆性相似、对他人商标构成"淡化"等。

与一般的商事仲裁有所不同，域名纠纷问题的仲裁做出之后，是由中国互联网络信息中心授权的域名注册服务商来执行的，不由司法机关执行。

与此同时，随着互联网的飞速发展，电子商务开始兴起，电子商务领域的纠纷也适合应用互联网仲裁来解决。但是，在实际应用中，仲裁机构并没有将互联网仲裁大量应用于电子商务领域，这主要是由仲裁成本、社会接受度、当时的法律环境等原因造成的。

直到 2015 年，广州仲裁委员会率先将互联网仲裁应用在互联网金融平台的贷后案件中。经过 2 年的实践，互联网仲裁的成本低、效率高等优势显现了出来。2018 年，互联网仲裁的应用迎来了爆发。

一直到今天，互联网仲裁的主要应用场景仍然是互联网金融，主要用在互联网贷款的贷后法律清收环节。互联网仲裁的客户主要是小贷公司、持牌消费金融公司、银行等。

二、中国互联网金融的发展情况

互联网金融的萌芽，要追溯到 2004 年支付宝的诞生。

从那时起，互联网逐步改变金融的支付、征信、信贷、理财、资管、证券等领域。与互联网仲裁密切相关的是互联网对信贷领域的改变。从 2007 年开始，互联网对信贷领域的改变大致经历了以下三个阶段。

（一） 互联网改变信贷领域的三个阶段

1. P2P 平台蓬勃发展时期（2007—2016 年）

第一个阶段是 2007—2016 年。这个阶段是 P2P 平台蓬勃发展的时期。

2007 年，中国第一家 P2P 平台拍拍贷成立。在最高峰的 2015 年，中国 P2P 平台总数超过 3000 家。在 2007—2017 年，中国 P2P 平台的贷款余额一路飙升到了约 1.3 万亿元，这不到中国银行业贷款余额的 1%。整体规模虽小，可是 P2P 平台的贷款余额是以每年两倍以上的速度往上蹿的，相比之下，同期中国银行业的贷款余额增速仅为百分之十几。

P2P 平台给信贷领域带来的改变，主要是应用互联网平台进行融资，绕过了传统的金融中介，使得融资难度大大降低。P2P 平台，一边连接着有大量理财需求的投资者，一边连接着有借贷需求的中小企业和个人。P2P 平台疯长背后，一方面是中国超过 7000 万家中小微企业融资难、融资贵的困局，以及中国转变经济发展方式的刚需；另一方面是经过 30 多年经济的高速发展，中国居民积累了近 138 万亿元财富，投资理财需求猛涨。

由于缺乏像对金融机构一样的严格监管，在 P2P 平台蓬勃发展的 10 年左右的时间里，一方面是 P2P 平台为累计超过 1000 万名网贷投资者带来远高于银行存款利息的超高收益，同时民间借贷利率大幅下降；另一方面是约 1/3 平台"跑路"，保守估计约 300 万名投资者承受受损的巨大风险。

从 2016 年开始，监管层对 P2P 平台的整治正式拉开帷幕。2016 年 8 月，银监会①、工业和信息化部、公安部、国家互联网信息办公室联合发布《网络借贷信息中介机构业务活动管理暂行办法》，这是中国对 P2P 的第一个具体的、实质性的监管办法。2016 年，国务院办公厅印发了《互联网金融风险专项整治工作实施方案》，集中力量对 P2P 网络借贷、股权众筹等重点领域进行整治。此后，2019 年 1 月 21 日，《关于做好网贷机构分类处置和风险防范工作的意见》（以下简称"175 号文"）发布，明确以 P2P 网贷机构退出为主要工作方向。在此之后，P2P 平台严格执行机构数量和业务规模的双降要求，通过 P2P 平台撮合的资金规模不再增长。到了 2020 年，P2P 平台在中国几乎消失殆尽。

2. 助贷兴起时期（2017—2019 年）

第二个阶段是 2017—2019 年。在这个阶段，互联网信贷领域的主角，从 P2P 平台切换为大型互联网公司、持牌消费金融公司和银行。

从 2014 年开始，电商平台开始推出消费信贷产品。2014 年 2 月，京东推出消费信贷产品"京东白条"；2015 年 4 月，支付宝推出"蚂蚁花呗"。此后，两家又分别推出了现金贷款产品"京东金条"和"借呗"。

---

① 银监会：中国银行业监督管理委员会，2018 年 3 月，国务院机构改革方案将中国银行业监督管理委员会和中国保险监督管理委员会的职责整合，组织中国银行保险监督管理委员会（简称中国银保监会或银保监会），不再保留中国银行业监督管理委员会。

阿里巴巴、京东两家电商巨头之外，其他的电商平台和互联网创业公司也纷纷推出同类产品，主要是基于各种场景的消费贷款和没有场景的小额现金贷款业务（以下简称现金贷）。特别是从 2017 年开始，现金贷热潮席卷了市场。

之所以说从 2017 年开始，互联网信贷领域的主角从 P2P 平台切换为大型互联网公司、持牌消费金融公司和银行，是因为虽然大型电商平台从 2014 年开始就推出了消费信贷产品，但是那时这些产品还处于试验阶段，在市场上的量并不大，这些产品真正大规模出现大约是从 2017 年开始的。

大型互联网公司涉足信贷领域，对信贷领域的发展有质的改变。不同于 P2P 平台对信贷资金端的改变，大型互联网公司改变了信贷的资产。这是因为大型互联网公司的进入，拓宽了可用于风险控制的信贷数据——互联网上的交易数据和行为数据可以被用来进行风险控制，从而使得大量的个人和小微企业可以获得此前从传统金融机构无法获得的贷款，与此同时风险也是可控的。

在大型互联网公司涉足信贷领域的同时，市场上开始掀起现金贷热潮。现金贷主要针对两类人群：收入低的蓝领，刚工作的白领。现金贷出现的主要原因是当时年轻人有消费升级的需求，但是银行缺乏部分人群的信贷记录，难以判断这部分人群的信用情况，不愿承担较大的风险为他们提供低息贷款。因此，很多机构进入这个市场空白地带提供服务。不同于大型互联网公司的做法，在这个市场开启的初期，市场上的大多数新成立的现金贷公司的主要做法是用高利率去覆盖高风险。由于存在大量的市场需求，同时这项业务存在暴利，所以短时间内市场上涌入了几千家现金贷公司。

随后，对现金贷的监管开始加码。2017 年 12 月 1 日，互联网金融风险专项整治工作领导小组办公室、P2P 网络借贷风险专项整治工作领导小组办公室正式下发《关于规范整顿"现金贷"业务的通知》（以下简称"141 号文"），明确统筹监管，对网络小额贷款业务开展清理整顿工作。

此外，通知也对银行业金融机构参与现金贷业务做出了具体规范。

"141 号文"之后，大量现金贷公司从市场上消失了。但是，前期现金贷公司的蓬勃发展，使得银行业金融机构看到了之前未被银行覆盖的消费信贷的巨大市场。因此，从 2018 年开始，银行开始大举进入消费信贷市场，助贷这种业务模式开始兴起。

在助贷模式中，一般是银行或者信托公司出资金，助贷机构提供资产。助贷机构主要是大型互联网公司、转型的头部 P2P 平台等。

3. 商业银行互联网贷款独立发展时期（2020 年至今）

2020 年以来，商业银行等持牌金融机构的互联网贷款开始进入全新的发展阶段。

前期助贷业务的蓬勃发展带来了新的隐忧，即商业银行在互联网贷款的风险控制中过度依赖助贷机构，这可能影响商业银行对资产风险的独立把控，进而可能影响商业银行的稳健运行。

2020 年 7 月 17 日，《商业银行互联网贷款管理暂行办法》发布。该办法一方面鼓励商业银行开展互联网贷款业务，另一方面要求商业银行建立健全互联网贷款风险治理架构。互联网贷款业务涉及合作机构的，授信审批、合同签订等核心风控环节应当由商业银行独立有效开展。商业银行互联网贷款风险管理制度应当涵盖营销、调查、授信、签约、放款、支付、跟踪、收回等贷款业务全流程。这意味着，商业银行开展互联网贷款业务进入了需要进行独立风控的全新阶段。

（二） 互联网金融领域互联网仲裁客户的变化

伴随互联网对信贷领域的改变，互联网金融领域的互联网仲裁客户也在发生变化。

互联网仲裁主要应用于互联网金融的贷后阶段。互联网贷款如果产生逾期，通常会进行常规的催收。如果催收失败，逾期贷款就会进入司法清收环节，在这个环节当中，有公证、仲裁、诉讼三种途径。公证，由于前期费用太高，一般在实践中很少被应用。因此，实际上主要采用仲裁和诉讼两种途径。

2015 年，广州仲裁委员会率先将互联网仲裁应用于互联网金融平台的贷后案件中。因此，2015—2018 年，互联网仲裁主要被应用于 P2P 平台的贷后案件当中。

之后，随着 P2P 平台逐渐退出市场，2018—2020 年，互联网仲裁的主要客户变为助贷机构，即大型互联网公司旗下的小贷公司、持牌消费金融公司。因为这一时期，虽然银行从 2018 年开始大举进入消费信贷领域，但是当时贷后事宜是由助贷机构负责的。

未来，银行将对互联网贷款进行独立风控，因此银行将自行或委托不良资产处置公司负责贷后事宜。因此，未来银行有可能成为互联网仲裁的主要客户。

三、中国贷后市场的发展及痛点

互联网仲裁在金融领域主要应用于贷后市场，即不良资产处置领域。要看清楚互联网仲裁的现状和未来，需要了解中国不良资产处置领域的发展情况。

（一）中国不良资产处置领域的发展情况

1. 中国不良资产处置主体的发展历程

第一阶段：政策性剥离与接收时期（1999—2006 年）。

20 世纪 90 年代，随着经济和金融全球化的发展，金融危机也时有发生。经济学界通过对金融危机进行研究，发现金融危机的根源在于巨额的银行不良资产①。

---

① 薛以品. 我国不良资产行业及地方 AMC 发展分析 [J]. 改革与开放, 2020 (19).

在 1999 年之前，我国曾尝试采用一些方法解决国有商业银行的不良资产问题，主要的方法有三种，即财政补贴法、企业破产法、贷款豁免法，但效果均不理想①。在 1997 年亚洲金融危机出现之后，我国国有银行的不良资产问题也较为严重。因此，我国为处置中国工商银行、中国农业银行、中国银行、中国建设银行这四家国有商业银行的不良资产，成立了中国华融资产管理股份有限公司、中国长城资产管理股份有限公司、中国东方资产管理股份有限公司、中国信达资产管理股份有限公司四家资产管理公司（AMC），在 1999 年至 2004 年政策性接收了四家国有商业银行及国家开发银行剥离的不良资产逾万亿元，这有力地推动了我国不良资产的处置工作。此后，国务院在 2000 年颁布了《金融资产管理公司条例》，明确了四大 AMC 的运行框架，这在很大程度上促进了不良资产的处置和 AMC 的规范运作。

直到 2006 年，随着财政部规定的政策性债权处置的最后期限的来临，四大 AMC 的不良资产政策性业务基本结束，我国国有商业银行的不良贷款率从 1999 年的 41% 下降至 2006 年的 9.22%，四大 AMC 在这一阶段对防范和化解金融风险起到了至关重要的作用。

第二阶段：商业化转型时期（2006—2011 年年底）。

四大 AMC 经过多年的发展，完成了政策性使命，具备了商业化转型的政策前提以及较强的专业能力和人才队伍，建立了适应商业化经营的内控机制与管理制度，形成了有市场需求的业务模式，为商业化转型打下了基础②。因此，四大 AMC 自 2006 年基本结束不良资产政策性业务之后，开始探索商业模式下的资产收购，将不良资产收购范围扩大至股份制

---

① 刘雪梅. 我国不良资产处置与金融资产管理公司转型机制研究 ［D］. 西安：西北大学，2006.

② 林夏. 中国信达资产管理股份有限公司商业化转型的业务协同问题探析 ［D］. 昆明：云南财经大学，2016.

银行、城市商业银行（简称城商行）、农村商业银行（简称农商行）、信托公司、金融租赁公司等多类金融机构，向多元化金融服务领域迈进，并开始推行股份制改革，朝着金融控股集团转型。

在这一阶段，从事不良资产处置的主体也开始变得多元化。2011年年底，我国商业银行的不良贷款余额与不良贷款率再次上升，这个现象在城市商业银行与农村商业银行中最为突出。由于四大 AMC 处置不良资产的能力有限，且不良资产处置领域的收益率较高，许多银行控股金融资产投资公司（AIC）、地方或民营性质的 AMC 与各类不良资产服务机构开始加速进入不良资产领域①。

第三阶段：全面商业化时期（2011年年底—2018年）。

为应对 2011 年商业银行不良贷款余额与不良贷款率"双反弹"以及城商行与农商行不良贷款率居高的境况，我国开始积极推进不良资产处置工作及不良资产处置机制的创新。2012 年，财政部和银监会联合下发《金融企业不良资产批量转让管理办法》，鼓励地方 AMC 发展，此后，我国地方 AMC 开始蓬勃发展。2013 年 11 月，中国银监会下发《关于地方资产管理公司开展金融企业不良资产批量收购处置业务资质认可条件等有关问题的通知》，允许各省设立或授权一家地方资产管理公司，参与本省范围内金融企业不良资产的批量收购和处置业务，此后，地方的各级 AMC 开始迅猛发展，至 2017 年，我国已有 43 家地方 AMC 获批设立。

与此同时，在这一阶段，我国四大 AMC 也相继完成了股份制改革并开始上市。如，信达于 2013 年在香港上市；华融于 2015 年在香港上市；东方与长城分别于 2016 年的 10 月和 12 月完成股份制改革。至此，我国不良资产处置行业迎来了一个新的发展时期，不良资产处置行业参与主体多元化，不良资产处置方式市场化，不良资产处置范围广泛化。

---

① 张秀豪. 我国银行不良资产处置模式及其优化研究［D］. 杭州：浙江大学，2020.

第四阶段：外资控股 AMC 首次落地（2018 年至今）。

随着我国不良资产处置领域的繁荣发展，我国开始放宽对外资持股比例的限制，外资机构也开始加速入场。

2018 年 4 月，中国人民银行行长易纲在博鳌亚洲论坛上宣布了中国金融开放的 11 条措施，其中包括取消 AMC 的外资持股比例限制的措施；同年 8 月，银保监会发布《中国银保监会关于废止和修改部分规章的决定》，取消中资银行和 AMC 外资持股比例限制，实施内、外资一致的股权投资比例规则，持续推进外资投资便利化。监管政策的利好为外资控股 AMC 的加入铺平了道路。

2020 年 2 月，美国橡树资本管理有限公司的全资子公司橡树（北京）投资管理有限公司在北京工商局完成注册，这是首家外资控股的 AMC。外资控股 AMC 的加入在加剧我国不良资产处置领域的行业竞争的同时，也为其带来了新的活力。外资金融机构带来的先进、成熟的管理、投资和资产处置经验将有助于提升中国金融机构的不良资产业务管理水平和资产处置能力，提高处置效率①。

截至 2020 年 8 月，经银保监会批准成立的地方 AMC 共 57 家，多数地方 AMC 的不良资产处置规模已达 5 亿元。我国的 AMC 市场已经形成"4 + N + 银行系 + 外资系"的多元化格局，其中，"4"指四大 AMC，"N"指地方 AIC，"银行系"指银行控股的 AMC，"外资系"指外资控股的 AMC。

值得一提的是，2020 年 6 月，银保监会向相关机构下发了《关于开展不良贷款转让试点工作的通知（征求意见稿）》和《银行不良贷款转让试点实施方案》，拟进行单户对公不良贷款和批量个人不良贷款转让试

---

① 佚名. 又一家外资控股 AMC 要来了？中外资本逐鹿万亿不良资产［EB/OL］.（2020 – 06 – 23）［2021 – 03 – 30］. https：//finance. sina. com. cn/am/bank/2020 – 06 – 23/doc – iirczymk8526023. shtml.

点。这两个监管政策在不良贷款处置方面放宽了两个层面的限制：一是后续地方 AMC 受让不良贷款的区域限制会逐步放开；二是银行可以向全国性 AMC 和地方 AMC 转让单户对公不良贷款和批量转让个人不良贷款。这两个层面的放宽等于对商业银行在处置不良资产上的极大的"简政放权"，或将拉开商业银行不良资产处置的新序幕。

2. 中国不良资产处置的七种方式

在我国四大 AMC 成立之前，我国主要采用财政补贴法、企业破产法、贷款豁免法处置国有商业银行的不良资产。

第一，财政补贴法是指由财政为那些由于经营困难而拖欠国有商业银行贷款的国有企业进行拨款，补贴国有企业的经营亏损，使其重新恢复正常生产和还本付息能力，这是我国长期使用的、最古老的方法[①]。

第二，企业破产法是指对那些问题严重、资不抵债的企业宣布破产，通过破产清算了结债务，以解决不良资产的方式。

第三，贷款豁免法是指把企业不能清偿的贷款债务由贷款银行以"冲销呆账贷款"的方法予以豁免，以此来解决企业负债过重的问题，这是我国从 20 世纪 90 年代中期开始普遍使用的做法[②]。

然而，在当时，大多数的国有企业都普遍存在负债过重的问题，而国有商业银行是国有企业的主要债权人。因此，这几种不良资产处置方式非但没有从根本上改善国有商业银行不良资产的状况，反而给我国财政和国有商业银行带来了沉重的负担，导致我国金融体系较为脆弱，这种境况直到 1999 年我国四大 AMC 成立之后才逐渐改善。

伴随着我国四大 AMC 的成立、地方 AMC 和银行控股的 AIC 的蓬勃发展，经过多年的探索，我国不良资产处置方式逐渐多元化，主要包括

---

① 刘雪梅. 我国不良资产处置与金融资产管理公司转型机制研究［D］. 西安：西北大学，2006.

② 王重润. 金融市场学［M］. 北京：高等教育出版社，2014.

贷款重组、核销、清收、债权转让、债转股、资产证券化和"互联网 +"不良资产处置等多种不良资产处置方式。

（1）贷款重组。贷款重组是指银行由于债务人财务状况恶化，而对借款合同的还款条款做出调整，债务人根据新的重组协议进行还本付息的方式。这种方式适用于现金流暂时出现困难，但是具备一定的还款能力的企业。

（2）核销。我国的银行在对企业或者个人发放贷款的时候，会提前支取一笔坏账准备金，如果确定所借贷款无法追缴，那么，银行通过向总部申请，就可以利用准备金、自有资本进行不良资产的核销①。

（3）清收。清收是指银行采取一切可能的手段收回不良贷款本息。清收包括两种手段，即常规催收和依法收贷。常规催收是指利用各种非诉讼的催收手段，督促债务人偿还债务的清收方式，包括协商还款、电话催收、信函催收等。依法收贷是指银行就到期未受清偿的债权，依法向法院提交诉讼、仲裁或执行公证债权文书等，通过法院判决确立债权的合法性，依据法院的判决书或者依靠强制执行程序收回债权的清收处置方式。

（4）债权转让。不良资产的转让是我国商业银行处置不良资产的主要方式。主要有三种转让形式：商业银行将不良资产转让给四大 AMC；四大 AMC 将不良资产转让给非金融 AMC 的自然人或法人；商业银行将不良资产转让给非国有 AMC 或自然人②。

（5）债转股。债转股是指 AMC 收购银行的不良资产，把原来银行与企业间的债权、债务关系，转变为金融资产管理公司与企业间的股权、

---

① 黄峥泉. 商业银行不良资产处置模式创新研究——以 A 银行为例［D］. 杭州：浙江大学，2019.

② 陈剑. 关于商业银行不良资产转让问题的法律研究［J］. 法制博览，2020（14）.

产权关系。通过债转股的方式，企业可以降低自身的财务成本，改善财务状况。

（6）资产证券化。不良资产证券化是指不良资产拥有者将不良资产进行打包，使其具有较为稳定的现金流，再对其提高信用，将其转换为在金融市场上流动的证券的一种不良资产处置方式。

（7）"互联网＋"不良资产处置。"互联网＋"不良资产处置是指将互联网技术运用到不良资产处置行业中，商业银行、AMC 与互联网平台进行合作，借助互联网平台的资源提高不良资产处置效率的模式。

《中国银行家调查报告（2019）》显示，目前商业银行主要依靠依法收贷（73.1％）、常规催收（67.9％）、核销（50.2％）、重组（48.8％）、批量转让（24.9％）、委托处置（14.0％）等传统方式处置不良资产，但受访银行家表示，未来适合我国商业银行不良资产处置的模式主要是不良资产证券化（67.1％）、重组（49.8％）、债转股（37.2％）、依法收贷（35.5％）、互联网平台化（30.3％）等①。未来，我国不良资产的处置方式会更加多元高效，不良资产处置流程会不断完善、更加合规。

3. 不良资产处置的"互联网＋"模式

近年来，随着互联网金融的迅速发展，P2P 平台的数量飞速增长。然而，作为新兴事物，互联网金融行业自身问题重重，乱象丛生。尤其是 2013 年以来，问题 P2P 平台的数量不断增加，P2P 平台跑路爆雷频现，P2P 平台的经营严重缺乏规范，导致大量的不良资产产生。在 2015 年，我国 P2P 平台的坏账规模已超 400 亿元。到 2018 年，我国互联网金融通过网络借贷产生的资产将近 2 万亿元，按照 5％的坏账率计算，就已有千亿元以上的不良资产。而在 2018 年，我国不良贷款余额为 2.03 万亿元，

由此可见，P2P 平台产生的不良资产已具备了不小的规模，网络借贷的不良资产处置已逐渐成为需要高度重视的新问题。由此，互联网不良资产处置模式应运而生。

随着"互联网 +"的普及与发展，我国不良资产处置行业逐渐与互联网技术融合创新，产生了新的不良资产处置形态，形成了互联网不良资产处置模式。在该模式中，商业银行、法院以及 AMC 均可与互联网公开竞价平台合作，并借助互联网公开竞价平台的用户资源提升不良资产处置效率。①

在实践过程中，不良资产处置行业对互联网不良资产处置模式的探索也开始得较早，且从未停止。淘宝网早在 2012 年就在其网页模块下推出了司法拍卖网络服务，开始涉足不良资产处置领域；2014 年，我国多家股份制商业银行入驻了淘宝网的资产处置平台，进行不良资产出售；2015 年 3 月，中国信达资产管理股份有限公司在淘宝网资产处置平台上成功竞价拍卖了两笔债权。

随着互联网不良资产处置模式的发展与完善，越来越多的不良资产市场主体开始参与到这一新形式中。自 2015 年起，原动天（北京）资产管理有限公司旗下"原动天"、北京互连众信科技有限公司旗下"资产360"（现已升级为"灵蚌科技"）、成都分金社金融服务外包有限公司（简称"分金社"）等"互联网 +"不良资产处置平台陆续上线。

2016 年 8 月，最高人民法院公布《最高人民法院关于人民法院网络司法拍卖若干问题的规定》，进一步规范网络司法拍卖行为，为不良资产在互联网平台上的处置提供了制度依据，此后，我国互联网不良资产处置平台开始蓬勃发展。截至 2016 年，我国"互联网 +"不良资产处置平台超 25 家；截至 2017 年，我国已有超过 400 家互联网平台提供不良资产

① 杨茂. 网络时代商业银行不良资产处置模式创新研究［J］. 法制与经济，2020（4）.

处置服务，绝大部分互联网平台提供的不良资产处置服务是撮合催收。2017 年 1 月，中国华融资产管理股份有限公司发起设立的华融中关村不良资产交易中心股份有限公司成立，这是我国首家专注于不良资产交易的互联网平台，被认为是"互联网＋"不良资产处置模式的再创新。

目前，我国"互联网＋"不良资产处置平台主要有以下四类。

第一类是数据服务类平台。该类平台属于向金融机构提供不良资产大数据服务的平台类型。平台主要利用云计算、大数据等技术手段，查询客户财产线索、工商企业数据和司法诉讼信息，形成较为全面的债务关联人"风险画像"，为商业银行清收处置团队提供详尽、高效的尽职调查信息服务，以此提高不良资产的回收率[①]。该类型的代表平台是广州市搜赖网络科技有限公司（简称搜赖网）。

第二类是撮合催收类平台。此类平台通过云计算、大数据等技术手段，整合上游信贷企业（包括 P2P 平台、银行、消费金融公司、小贷公司等不良资产委托机构），以及对接下游不良资产清收的专业服务公司或者律师事务所，是连接委托方和催收方的平台[②]。该类型的代表平台有"原动天""资产 360"、深圳前海丐帮科技有限公司旗下"收账宝"等。

第三类是资产拍卖类平台。以淘宝网的资产处置平台为例，淘宝网的资产处置平台作为第三方交易平台提供技术支持和平台服务，通过专业的客服团队、银行和律师等专业合作机构，为不良资产买家提供专业服务、降低竞买成本，并通过独立的网拍系统及计算机程序设定，让竞买人在平台上开展独立竞价[③]。

---

① 曾刚. 金融科技助力特殊资产行业发展［J］. 当代金融家，2020（11）.

② 谭佳奇."互联网＋"背景下国有商业银行不良资产处置模式创新研究［D］. 济南：齐鲁工业大学，2019.

③ 陈雯雯."互联网＋"不良资产处置模式探析——以淘宝网处置平台为例［J］. 福建金融，2018（10）.

第四类是众筹投资类平台。此类平台通过线上众筹与分红、线下购置与处置，来运作"特殊资产"。平台从投资人手中众筹资金，以一定的折扣购买某一个特殊资产（一般为房产和汽车抵押类），再对资产进行灵活处置，众筹用户和平台分享处置收益（买卖差价）①。

传统的不良资产处置工作需要较长时间，而依托互联网技术开展不良资产处置工作，可以在很大程度上突破传统处置方式的地域、信息和时间等局限性，减少信息不对称，提升不良资产处置效率。与传统渠道相比，互联网平台受众范围更广、信息传播速度更快、获取信息的成本更低、信息更加公开透明，有助于扩大潜在客户的范围，推动不良资产处置模式的多元化创新。

（二） 不良资产处置领域的痛点

2012 年以来，我国不良资产数量逐年攀升，截至 2020 年年末，我国银行业不良贷款余额达 3.5 万亿元，较年初增加 2816 亿元，不良贷款率为 1.92%。2020 年，我国银行业共处置不良资产 3.02 万亿元。目前，受新冠肺炎疫情蔓延的影响，我国宏观经济短期内很难有根本性好转，不良资产处置压力进一步加大。

随着我国不良资产规模的持续扩大，不良资产处置过程中产生的问题越发凸显，这将阻碍金融系统的平稳运行，成为不良资产处置领域的痛点。

1. 不良资产处置方式限制过多

（1）贷款重组。用贷款重组方式处置不良资产存在多方面的约束，在盘活化解重组债务时存在局限。一方面，运用贷款重组方式处置不良资产的要求严格，能达到重组要求的不良贷款不多，而且关于债务置换方面的法律存在空白；另一方面，银行需要对重组企业进行认真考察，

---

① 零壹财经."互联网＋"下的不良资产处置 [J]. 首席财务官，2016 (8).

若其实际授信需求不符合标准，不能对不良贷款进行很好的化解，则很有可能在增量授信之后导致新的不良贷款出现，造成风险累积。此外，在运用贷款重组方式的过程中，在抵押担保等环节还有很多的不确定因素，可能产生较大的风险。

（2）核销。首先，我国关于核销方式的政策非常严格，存在很多约束，尤其是在自主核销方面，限制重重，只有少数小额不良贷款能达到要求，不能有效地帮助银行等大额授信风险客户处置不良资产。其次，运用核销方式处置不良资产时，在取证环节还存在多种难题，导致核销效率低。比如，银行需要法院裁定书作为核销证据材料，而在诉讼过程中，银行常常面对诉讼材料难获得和诉讼进程易被债务人拖延等情况，导致贷款核销面临困境。

（3）清收。目前，我国运用清收方式处置不良资产面临着多种约束。一方面，开展清收工作需要银行各部门密切配合，需要较多的人员力量，而很多银行存在部门间沟通合作效率低和缺乏专业人才等问题，导致清收过程持续时间长、清收效率低。另一方面，银行常常面临债务人的恶意逃跑风险，比如，债务人串通关联公司转移财产、利用破产逃废债务、采用恶意诉讼的方式拖延诉讼进程。

（4）债权转让。运用债权转让方式处置不良资产存在诸多难点。一方面，很多银行为了追求化解不良资产的效率，过于依赖资产的批量转让，而疏于对责任人的考核，没有进行全面而深入的尽职调查，埋下了隐患。另一方面，我国不良资产转让市场缺乏充分的竞争体系，市场缺少足够的买方主体，四大 AMC 在买方力量中依然处于主导地位，而市场上卖方供给的不良资产包却不断增多，供给端和需求端失衡严重，导致买方的议价能力强，不良资产包的转让价格整体偏低，甚至以底价成交，银行承受的损失较多。

（5）债转股。利用债转股的方式处置不良资产存在风险。首先，银行可能面临信息不对称的风险，从而对一些经营陷入困境或已破产还未被纳入银行不良资产管理的高风险企业进行债转股，进而招致更大的风险。其次，银行进行债转股后，也会面临较大的不确定性，若被转股企业的经营状况并未得到改善甚至进一步恶化，产生的风险还会波及银行。最后，对我国市场而言，债转股还属于一种新兴事物，与我国现有的法律存在冲突之处，有待于法律制度的支持。

（6）不良资产证券化。不良资产证券化作为一种新型的投资方式，在我国的发展将面临种种困难。首先，不良资产证券化的流程复杂，拥有很多具体的中间环节，且对资产定价和信用评级等技术层面的要求很高，这对于我国很多银行而言存在着不小的挑战。其次，我国银行的不良资产证券化规模较小，且就发行主体而言，国有商业银行占据大多数，银行的不良资产证券化还有待进一步的推广。最后，目前我国关于不良资产证券化方面的法律制度还存在相应的空白，很多问题尚不明确，有待进一步完善。

（7）"互联网＋"不良资产处置。虽然"互联网＋"不良资产处置模式具有其独特的优势，但是也存在局限性。首先，网络拍卖平台与委托人之间的主体责任承担存在模糊性，互联网公开竞价平台常常利用多种方式把自身的义务转移给委托人。其次，在"互联网＋"不良资产处置模式中，不良资产的买方处在较为弱势的地位，需要法律制度的保护，而我国关于这方面的立法还存在空白。最后，目前我国可选择的互联网公开竞价平台还较少，且竞价环节复杂，在实践过程中还有不少局限。

2. 缺乏规范的不良资产处置制度

银行和 AMC 在开展不良资产处置工作时，需要规范的不良资产处置业务规章制度，以便后续根据具体情况做出适当的决策。因而，拥有规范有效的制度支持至关重要，同时，也需要执行人严格遵循具体的制度规定，以保证各方的利益。然而，多数银行缺少相应的制度，导致执行人在进行不良资产处置工作时仅能靠着自身经验去探索，公信力不足，不利于不良资产处置工作的顺利进行，致使银行和 AMC 的不良资产处置工作效率降低。

3. 缺乏专业的不良资产处置队伍

金融机构在进行不良资产处置的过程中，需要专业的人才处理相应的问题。金融机构的不良资产处置工作常常牵涉多方的利益，需要处理好各方的利益，及时解决出现的各种问题，从而使银行利益最大化，这离不开专业人才的知识与经验。然而，多数金融机构在开展不良资产处置工作时，仅仅是对相关规定进行生搬硬套，并不看重不良资产处置人才团队的建设与培养。一旦在具体工作中出现难题，不能灵活处理，将导致银行资金回笼出现困难。

4. 不良资产处置法律监管的缺失

金融机构不良资产处置的监管来源于内部监管与外部法律监管。对于金融机构内部监管来说，需要建立完善的监管体系。对于外部法律监管而言，根据法律规定，金融监管部门负责对金融机构不良资产处置的监管①。随着我国相关法律法规的日益完善，我国规范金融 AMC 的法律法规对其开展不良资产处置工作进行了良好的指引，我国监管部门在防范和化解金融风险方面获得了不小的成就。然而，我国法律对各方开展不良资产处置工作的相关业务规定仍存在一定的不足。由于各种不良资产处置方式都有其相应的局限性，相应法律的缺位将导致风险问题加剧。

（三） 互联网仲裁给不良资产处置带来的改变

互联网仲裁的应用，使得不良资产处置在清收环节多了一个有力的途径。这个途径的增加，不仅使得回款增多，未来还有可能给不良资产的常规催收、不良资产的定价带来改变。

———————————

① 王希茜. 完善我国不良资产处置的法律路径［D］. 南昌：江西财经大学，2019.

1. 互联网仲裁可以减轻诉讼压力

互联网仲裁在贷后领域的应用带来的最直接的好处是可以减轻贷后诉讼的压力。

如果互联网金融在贷后的法律清收阶段都走诉讼途径，会面临一个问题，那就是法院需要审理和执行的案件量会大大增加，法院的审理和执行力量短时间内无法大幅增强，这会造成大量的案件得不到及时的处理。

互联网仲裁作为诉讼之外的一个解决问题的新途径，可以大大减轻诉讼的压力，促进问题得到及时、有力的解决，是多元化纠纷解决的途径之一。

2. 互联网仲裁可能给常规催收带来改变

自20世纪80年代后期开始，中国明令禁止成立"催收公司"以及"职业讨债人"等第三方债务催收机构。当时金融机构主要靠自己的力量进行催收，如果自己无法处理，需要公安和法院系统帮忙进行债务催收。

催收行业的兴起与信用卡的发展密切相关。2003年被称为中国的"信用卡元年"，信用卡市场的发展为催收外包行业带来了发展契机，催收外包行业随之发展壮大。外包行为首先产生于国有大型银行，之后普及各股份制银行，进而被众多商业银行、贷款公司、保险公司、汽车金融公司效仿。

最早，中国市场上的催收外包公司以美国、中国台湾和香港的几家代表性公司为主，催收外包公司逐步进入中国大陆，并为中国催收外包行业注入先进经验。2009年以后，外资催收外包公司在国内的优势逐渐减弱，主要是因为异域管理文化与经营方式的落地偏失，导致技术更新缓慢、人才流失严重等。同时，一批本土公司以灵活的经营策略、实战性的操作技能取得了甲方的认可。

催收行业的第二次兴起与互联网金融的发展密切相关。企查查数据显示，2015年至2020年，催收相关企业的注册量先增后减。2017年是催收相关企业注册量最高的一年，为 2771 家，同比增长 89.4%。2017 年也是互联网现金贷快速发展的一年。随着国家对暴力催收现象的严厉管控，相关企业年注册量从 2018 年起进入下行通道。企查查数据显示，截至 2020 年 9 月，中国企业状态为在业或存续的催收相关企业共有 1.02 万家①。

实践中第三方债务催收机构数量众多、组织形式各异，大致可以分为三类：一是律师事务所；二是大量的以"金融管理公司""科技咨询公司""商务咨询调查""资产管理"等为名，实际上从事债务催收的"讨债公司"；三是专门以讨债为业的个人，也称职业讨债人②。

互联网仲裁催收丰富了催收的内容，弥补了传统催收在合规性、中立性方面的不足。为进一步改善互联网仲裁在不良资产处置方面的应用效果，越来越多的互联网仲裁服务机构将互联网仲裁与调解相结合。

互联网仲裁过程引入调解之后取得了较好的效果，有可能给催收带来一定的改变。

从 2020 年下半年开始，网仲科技、互仲科技等互联网仲裁服务机构开始提供在线调解解决方案：仲裁委员会在线接受调解申请后，由仲裁委员会的调解员为金融机构的贷后纠纷提供调解服务。这里的调解，指的是经过培训的专职或兼职的调解员，在案件仲裁立案之前、案件仲裁立案之后或者出裁决之前，帮助当事双方进行调解，以达到更好的回款效果。

调解优于催收的地方在于：催收是催收公司接受放贷方的委托，向欠款人催还欠款，催收公司一般只站在放贷方的立场思考问题；调解则是调解机构接受调解申请，安排调解员为当事双方调解，立场相对中立，更兼顾双方利益，因而调解更容易被欠款人接受。

这个市场刚刚起步，还有更多的互联网仲裁服务机构正计划尝试这项业务，后续发展还有待观察。

---

① 夏沐. 后疫情时代的催收行业：机遇与风险并存 ［J］. 财富时代, 2020 (9).

② 胡琴. 第三方债务催收的法律规制研究 ［D］. 成都：四川师范大学, 2020.

3. 互联网仲裁可能给不良资产定价带来改变

（1）不良资产定价是不良资产流转的关键。一般来说，不良资产的流转是不良资产的处置方式之一，其他处置方式包括常规清收、核销等。不良资产的流转，主要包括不良资产证券化和批量转让两种类型。不良资产证券化是指商业银行将自身流动性较差但预计未来可产生稳定现金流的不良资产进行分割组合形成资产池，打包形成证券，在债券市场上进行出售与发行①。不良资产批量转让，是指商业银行将一定规模的不良资产进行组包，定向转让给 AMC 的业务模式。不良资产批量转让的形式包括招标、竞价、协议转让等。不良资产批量转让以后，由 AMC 对收购的不良资产包进行后期的清收处置或者诉讼处置，获取收益②。

涉及不良资产的流转，就会涉及不良资产的定价。不良资产的转让普遍采用折价转让的方式，因为其现金流回收具有较大的不确定性。不良资产的折价比例，主要取决于资产池未来可产生的现金流。因此，合理的估值是不良资产流转成功的关键与核心：估值过低，损害不良资产转出方的利益；估值过高，损害不良资产转入方的利益，造成投资人没有动力参与，最终可能导致流转失败。

（2）互联网不良资产定价刚刚起步。就不良资产流转来说，中国的不良资产证券化和不良资产批量转让市场经过多年的发展，已经初具规模，但是并不完善。

不良资产证券化市场起步于 2016 年，2020 年还处于试点阶段，未来将逐步规模化、常态化。2016 年至 2020 年，银行间市场总共发行约 150 单不良资产证券化产品，发行规模约为 870 亿元。

不良资产的批量转让起步于 2012 年。财政部和银监会在 2012 年印发《金融业不良资产批量转让管理办法》，允许金融机构向 AMC 批量转让一

---

① 王超恩. 商业银行个人不良资产估值问题研究［J］. 新金融，2021（2）.

② 同①.

定规模的不良资产包，但是该文件又规定，个人贷款包括购房贷款、信用卡透支等以个人为借款主体的各类贷款不得进行批量转让。因此，在相当长的一段时间内，商业银行向 AMC 批量转让的不良资产均为对公不良资产。个人不良资产的批量转让是从 2020 年开始的。2021 年 1 月，银保监会办公厅发文《中国银保监会办公厅关于开展不良贷款转让试点工作的通知》，文件提出将在国有控股大型银行和全国性股份制银行进行个人不良贷款批量转让试点。

国内对对公不良资产的定价已经形成具有代表性的估值方法和估值模型，对个人不良资产的定价则尚未成熟。因为从已发行的不良资产证券化项目的实际表现情况来看，个人不良资产包的预测现金流与实际现金流之间仍然有一定的差距。

具体到对互联网仲裁应用较多的互联网金融领域的不良资产的定价，也处在刚刚起步的阶段。因为互联网上的贷款，主要是面向个人和小微企业的贷款，2017 年之前传统金融机构几乎不做此类贷款。商业银行、消费金融公司、信托等传统金融机构大规模进入这个领域是从 2018 年前后开始的。而在未来，随着社会生活线上化程度的提高，互联网贷款占金融机构的资产比例也会逐步提高。

未来，如果互联网仲裁案件的处置能够更加标准化，所积累的大量的案件处理数据有可能成为不良资产定价的重要依据。

而目前，提起诉讼或申请破产的事件则会显著影响不良资产的价格。在其他因素不变的情况下，仅仅提起诉讼或申请破产即可以提高不良债权的价值。因此，在其他因素不变的情况下，如果不良资产进入互联网仲裁程序，也可以提高不良债权的价值。

四、互联网仲裁的业务流程

由于将仲裁程序搬上了互联网，大大减少了线下的纸质信息传递、交通等环节的耗时，相比传统仲裁和诉讼，互联网仲裁能够大大节省时间。

也是由于将仲裁程序搬上了互联网，互联网仲裁在实践中形成了相应的业务流程。下面分两部分来介绍互联网仲裁的业务流程：一部分是全国各地的仲裁委员会处理互联网仲裁案件的业务流程；另一部分是辅助互联网仲裁顺利运行的互联网仲裁服务机构的业务流程。

（一） 仲裁委员会的互联网仲裁业务流程

本书详细整理了 15 家仲裁委员会互联网仲裁业务的仲裁规则，归纳了各仲裁委员会互联网仲裁业务的主要流程。这 15 家仲裁委员会是根据司法部公共法律服务管理局发布的 2019 年全国仲裁处理案件情况的统计排名选取的，我们选取了排名当中的前 10 名，再加上 5 家典型的仲裁委员会（见表 4 - 1）。

表 4 - 1　　15 家仲裁委员会互联网仲裁业务的具体环节

序号	名称	仲裁环节														
		申请仲裁	预交仲裁费	受理仲裁申请	不予受理/身份、材料认证	仲裁通知	被申请人答辩与反请求	申请人提交意见及对反请求答辩	管辖权异议	变更仲裁请求或者反请求	仲裁庭组成	审理方式		仲裁员回避	审理方式转换	结案	裁决	电子归档
												书面	网上开庭					
1	衢州仲裁委员会	√①	√	√	√	√	√	√	√	√	√	△②	√	√	√	√	√	√
2	广州仲裁委员会	√	√	√	√	√	√	△	△	√	√	√	√	△	√	√	√

续 表

序号	名称	申请仲裁	预交仲裁费	受理仲裁申请	不予受理/身份、材料认证	仲裁通知	被申请人答辩与反请求	申请人提交意见及对反请求答辩	管辖权异议	变更仲裁请求或者反请求	仲裁庭组成	审理方式 书面	审理方式 网上开庭	仲裁员回避	审理方式转换	结案	裁决	电子归档
3	保定仲裁委员会	√	√	√	√	√	○③	○	△	△	√	√	△	△	△	√	√	√
4	湖州仲裁委员会	√	√	√	√	√	√	√	√	√	√	√	√	√	√	√	√	√
5	衡水仲裁委员会	√	√	√	√	√	○	○	△	√	√	√	△			√	√	√
6	萍乡仲裁委员会	√	√	√	√	√	√	√	√	√	√	√	√	△	√	√	√	√
7	武汉仲裁委员会	√	√	√	√	√	√	√	√	√	√	△	√	√	√	√	√	√
8	湛江仲裁委员会	—	—	—	—	—	—	—	—	—	—	—	—	—	—	—	—	—
9	珠海仲裁委员会	√	√	√	√	√	√	√	△	√	√	√	△	√	√	√	√	√
10	台州仲裁委员会	—	—	—	—	—	—	—	—	—	—	—	—	—	—	—	—	—
11	哈尔滨仲裁委员会	√	√	√	√	√	√	√	√	√	√	√	√	△	√	√	√	△

续　表

序号	名称	仲裁环节										审理方式						
		申请仲裁	预交仲裁费	受理仲裁申请	不予受理/身份、材料认证	仲裁通知	被申请人答辩与反请求	申请人提交意见及对反请求答辩	管辖权异议	变更仲裁请求或者反请求	仲裁庭组成	书面	网上开庭	仲裁员回避	审理方式转换	结案	裁决	电子归档
12	青岛仲裁委员会	√	√	√	√	√	√	√	△	√	√	√	√	√	√	√	√	√
13	贸仲委	√	√	√	√	√	√	√	△	√	√	√	√	△	√	√	√	△
14	深圳国际仲裁院	√	√	√	√	√	√	√	√	√	√	√	√	√	√	√	√	√
15	盐城仲裁委员会	√	√	√	√	√	√	√	√	√	√	√	√	△	√	√	√	√

资料来源：各仲裁委员会官方网站，零壹财经·零壹智库整理。

注：未查到湛江仲裁委员会和台州仲裁委员会互联网仲裁业务流程。

①√表示都有。

②△表示没有提及。

③○表示部分有。

　　从表4-1可以看出，目前，各仲裁委员会的互联网仲裁主要程序大体一致，但个别细节规定略有差异。差异主要体现在以下几个环节。

　　第一，审理方式。有的仲裁委员会采用书面审理的方式，有的仲裁委员会采用网上开庭的方式，有的仲裁委员会兼而有之。

　　第二，对相关期限的要求。如在仲裁通知这一环节中对期限的要求，有的仲裁委员会要求自受理仲裁申请后，应于5日内将受理通知等材料发送给当事人，有的仲裁委员会对此期限的要求是2日。

　　第三，对案件争议金额的限定。如在仲裁庭组成这一环节中对案件争议金额的限定，有的仲裁委员会以 50 万元为限定标准，有的仲裁委员会以 30 万元为限定标准来决定由一名还是多名仲裁员组成仲裁庭等。

第四，部分环节的设置。有的仲裁委员会没有提及某些仲裁环节，如广州仲裁委员会的互联网仲裁流程中没有提及管辖权异议、变更仲裁请求或者反请求和审理方式转换的环节；衡水仲裁委员会没有提及管辖权异议、变更仲裁请求或者反请求和仲裁员回避等环节。但对于互联网仲裁的整体流程而言，各个仲裁委员会的互联网仲裁主要程序大体一致，如图 4-1 所示。

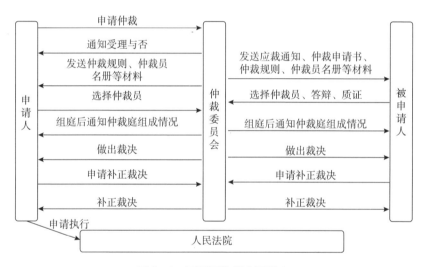

图 4-1 互联网仲裁主要程序

资料来源：零壹财经·零壹智库。

在本书详细整理的 15 家仲裁委员会的互联网仲裁流程中，衢州仲裁委员会的互联网仲裁流程较为典型，其中包括互联网仲裁的 16 个具体环节，具体如下 。

1. 申请仲裁

申请人应当通过网络仲裁平台向衢州仲裁委员会提出仲裁申请，提交证据、当事人身份证明文件、代理人授权委托书等材料。

2. 预交仲裁费

申请人应当通过衢州仲裁委员会认可的第三方支付平台或衢州仲裁委员会指定的银行账户预交仲裁费用。

3. 受理仲裁申请

衢州仲裁委员会收到仲裁申请后，认为符合受理条件的，应当自当事人预交仲裁费用之日起 3 日内受理，并通知当事人；认为不符合受理条件的，应当通知当事人不予受理，并说明理由。

4. 不予受理

对于不符合仲裁受理条件的，或者补充材料后仍不符合仲裁受理条件的，经衢州仲裁委员会释明后，案件做退回处理；申请人坚持继续仲裁的，衢州仲裁委员会依法做出不予受理决定。

5. 仲裁通知

衢州仲裁委员会受理仲裁申请后，应当于 5 日内将受理通知、《衢州仲裁委员会网络仲裁规则》《衢州仲裁委员会仲裁规则》和仲裁员名册发送申请人，并将应裁通知、仲裁申请书、申请人的证据材料、《衢州仲裁委员会网络仲裁规则》《衢州仲裁委员会仲裁规则》和仲裁员名册发送被申请人。立案后，申请人、被申请人可在网络仲裁平台上查阅自动生成的电子版受理（应裁）通知书、权利义务告知书等仲裁法律文书。

6. 被申请人答辩与反请求

被申请人应当自收到仲裁通知之日起 5 日内通过衢州仲裁委员会网络仲裁平台提交答辩意见、质证意见及有关证据材料。被申请人提出反请求的，应当自收到仲裁通知之日起 5 日内提出，逾期提出的，是否受理由仲裁庭决定。被申请人未答辩未举证的，不影响仲裁庭审理案件。

7. 申请人提交意见及对反请求答辩

衢州仲裁委员会于收到被申请人提交的答辩、质证意见及证据材料后 5 日内将上述材料送达申请人。申请人应当于收到上述材料后 5 日内向衢州仲裁委员会提交质证意见及辩论意见。如被申请人有反请求的，申请人应当在上述期限内提交对反请求的答辩。

8. 管辖权异议

当事人对仲裁协议的存在、效力或者仲裁案件的管辖权有异议的，应当自收到仲裁通知之日起 5 日内提出。关于管辖权异议的决定，在仲裁庭组成前由衢州仲裁委员会做出，仲裁庭组成后由仲裁庭做出。

9. 变更仲裁请求或者反请求

当事人变更仲裁请求或者反请求的，应当自收到受理通知或者仲裁通知之日起 5 日内提出，逾期提出的，是否受理由仲裁庭决定。

10. 仲裁庭组成

（1）争议金额不超过人民币 50 万元的仲裁案件，仲裁庭由一名仲裁员组成。双方当事人应当自收到受理通知或者应裁通知之日起 5 日内共同选定仲裁员，逾期未能共同选定的，由衢州仲裁委员会主任指定。

（2）争议金额在人民币 50 万元以上的仲裁案件，仲裁庭由三名仲裁员组成。双方当事人应当自收到受理通知或者应裁通知之日起 5 日内各自选定一名仲裁员，并共同选定一名首席仲裁员，逾期未选定仲裁员或者未共同选定首席仲裁员的，由衢州仲裁委员会主任指定。

（3）有两个或两个以上申请人或被申请人的仲裁案件，争议金额不超过人民币 50 万元的，由各方当事人共同选定独任仲裁员；争议金额在人民币 50 万元以上的，由两个以上申请人或被申请人共同选定己方仲裁员，并与对方共同选定首席仲裁员，逾期未选定己方仲裁员或者未与对方共同选定首席仲裁员的，由衢州仲裁委员会主任指定。

（4）争议金额在人民币 50 万元以上的仲裁案件，双方当事人书面同意适用简易程序的，仲裁庭由一名仲裁员组成。

11. 审理方式

（1）当事人应当自收到受理通知书或者仲裁通知书之日起 3 日内选

择网上开庭方式。当事人未选择或者未达成一致选择的，采用非同步电子交互形式进行网上开庭；仲裁庭认为必要时，也可采用同步视频形式进行网上开庭。

（2）采用非同步电子交互形式审理案件的，仲裁庭与申请人、被申请人以及其他仲裁参与人应当在规定的期限内依据各自选择的时间按照本规则的规定采用电子交互方式完成相应的仲裁活动。审理流程中每个环节的启动均应通过电子方式送达当事人。

12. 仲裁员回避

当事人提出仲裁员回避申请的，应当自收到组庭通知之日起 5 日内提出并说明理由。

13. 审理方式转换

（1）当事人应当向衢州仲裁委员会提交身份证明文件。申请人未向衢州仲裁委员会提交双方当事人的真实身份证明文件，被申请人也未补充提交，衢州仲裁委员会又无法通过网络审查的方式认定当事人身份信息的，案件应当转为线下，按照《衢州仲裁委员会仲裁规则》审理。

（2）当事人对证据的真实性存在争议，而仲裁庭无法通过在线方式予以认定的，案件可以转为线下，按照《衢州仲裁委员会仲裁规则》审理。

（3）双方当事人一致同意或者仲裁庭认为案件复杂的，可以将案件转为线下，按照《衢州仲裁委员会仲裁规则》审理。

14. 结案

（1）仲裁庭应当自组成之日起 30 日内做出裁决。特殊情况需要延长的，由首席仲裁员或者独任仲裁员提出申请，经衢州仲裁委员会主任批准可以适当延长。

（2）当事人达成调解协议的，由仲裁庭根据调解协议的内容制作调解书或者裁决书。

（3）申请人撤回仲裁申请的，仲裁庭组成前由衢州仲裁委员会做出决定，仲裁庭组成后由仲裁庭做出决定。

15. 裁决

（1）决定书、裁决书、调解书由仲裁员电子签名，并由衢州仲裁委员会电子签章。

（2）当事人需要纸质裁决文书的，应当向衢州仲裁委员会提出申请，由此产生的费用由申请人自行承担。

16. 电子归档

衢州仲裁委员会对案件材料进行整理，形成电子卷宗归档，电子卷宗随案同步自动生成。

从以上仲裁流程可以看出，衢州仲裁委员会的互联网仲裁流程较为全面，可以作为其他仲裁委员会互联网仲裁流程的代表。但是，实践中并非所有仲裁委员会的流程都与衢州仲裁委员会的一样，而是各不相同。有的仲裁委员会的仲裁流程更为简单，有的则更为复杂。比如，青岛仲裁委员会的互联网仲裁流程相较于衢州仲裁委员会的就更为复杂，还有证据调取以及电子数据认定的环节。

第一，证据调取。仲裁庭认为必要时，可以就案件涉及的相关问题向网络服务提供商、物流配送公司、第三方支付平台、电子认证服务以及电子证据固化提供者等调查事实，收集证据。仲裁庭调取的证据，应当交由双方当事人质证。

第二，电子数据认定。仲裁庭应当全面、客观地审核电子数据，依据相关法律规定，结合网络交易习惯，运用逻辑推理和日常生活经验等，对电子数据进行综合认定。当事人可以采用可靠的电子签名，可靠的电子签名与手写签名或者盖章具有同等的法律效力。可靠的电子签名应当符合《中华人民共和国电子签名法》的规定。经依法设立的电子认证服务提供者认证的电子签名视为可靠的电子签名，当事人可以选择使用符合其约定的可靠条件的电子签名。

（二） 第三方互联网仲裁服务机构的互联网仲裁业务流程

第三方互联网仲裁服务机构在实践中起到了辅助互联网仲裁顺利运行的作用。这些服务机构一方面连接着各地仲裁委员会，另一方面连接着金融机构，形成了一个案件处理平台。

本书对第三方互联网仲裁服务机构的互联网仲裁业务流程（见图4－2）进行了调研，接受调研的两家平台分别为网仲科技旗下的网仲院与互仲科技旗下的仲财通。

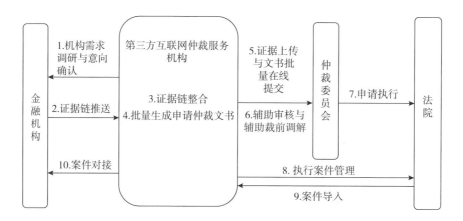

图4－2　第三方互联网仲裁服务机构的互联网仲裁业务流程

资料来源：零壹财经·零壹智库。

1. 裁前

在裁前环节，第三方互联网仲裁服务机构对客户进行需求调研，为客户提供法律咨询与合规前置服务，运用现代信息技术对客户提供的证据进行证据链整合，从而形成完整的证据链。在此过程中，客户提供的证据会通过网络系统自动传输到第三方互联网仲裁服务机构的内部系统，第三方互联网仲裁服务机构对客户所提供的借款人信息、借款记录、逾期情况等底层数据进行类案化、结构化和要素化处理，从而批量生成申请仲裁文书，经客户确认之后批量电子化并提交到仲裁委员会的系统。

第三方互联网仲裁服务机构与仲裁委员会的系统对接，辅助仲裁委员会检查文书中的关键证据，并按照证据类型进行案件筛选和批量仲裁。[①]

在裁前，第三方互联网仲裁服务机构与相关调解机构合作，辅助提供调解服务。这是基于当事人自愿的前提下，按现行法律标准对当事人进行的依法调解。若当事人能达成调解协议，在达成调解协议之后为当事人出具调解书。调解书跟仲裁文书一样具有法律执行效力，都可以直接到法院申请执行。若当事人没有达成调解协议，第三方互联网仲裁服务机构便将案件交给仲裁委员会，由仲裁委员会进行立案仲裁。

2. 裁中

在裁决进行中互联网仲裁服务机构也可以辅助提供调解服务，其作用与上述情况相同，只是发生在裁决进行当中。

3. 裁后

在仲裁委员会向法院申请执行后，在互联网仲裁服务机构的内部系统可以看到与客户约定的符合条件的仲裁案件，系统内有法院关于仲裁执行的要求以及仲裁案件全过程的相关数据。第三方互联网仲裁服务机构可以将有关信息提供给客户，实现与客户的案件对接。

在裁后环节，第三方互联网仲裁服务机构有专门的团队做互联网仲裁执行渠道的开拓维护以及与客户的案件对接。不少第三方互联网仲裁服务机构选择与多地的律师事务所合作，由当地律师事务所帮助推进案件的执行。

（三） 对互联网仲裁业务流程的评价

目前，互联网仲裁的业务流程在实践中存在争议，焦点在于公平与效率的冲突。一方面，如果要保证公平，就需要完全遵守传统仲裁的流

---

① 爱分析 ifenxi. 互联网仲裁异军突起，互仲科技着手不良资产经营［EB/OL］. (2018 – 11 – 21）［2021 – 03 – 30］. https：//www.sohu.com/a/276816964_545428.

程和时间要求，难以提高业务效率，批量的案件无法得到及时的处理。另一方面，如果要提高业务效率，就需要对仲裁流程进行相应的简化，以提高仲裁速度，但是，这样做带来的问题是，不能充分保障当事人的权益，可能带来不公平。

早期，为了使案件尽快得到仲裁裁决，有的第三方互联网仲裁服务机构将互联网仲裁流程缩减，比如省去开庭等环节，这样可以批量处理案件，大大节省案件处理时间，提高效率；之前的"先予仲裁"就是为了提高效率而省去了很多环节。而在实际当中，第三方互联网仲裁服务机构做出裁决之后，法院常常对这样的案件不予立案执行。2020 年 12 月 23 日，在《中国仲裁司法审查年度报告（2019 年度）》新闻发布会上，最高人民法院民四庭庭长王淑梅便指出，在互联网仲裁案件中当事人程序权利保障不足的情况较为突出，亟待规范调整。

这个问题在实际中切实影响到了第三方互联网仲裁服务机构的生存。如果倾向于效率，可能会使第三方互联网仲裁服务机构在案件的裁决中难以维持公平，这会导致法院不认可第三方互联网仲裁服务机构做出的裁决，从而损害第三方互联网仲裁服务机构的公信力，威胁第三方互联网仲裁服务机构的生存。如果严格维持公平，可能会使得互联网仲裁效率下降，从而增加金融机构应用互联网仲裁的成本，有可能使得金融机构放弃该途径的使用。

因此，互联网仲裁的业务流程只有在实践中摸索出兼顾公平与效率的方案，才能够获得更为广泛的应用。

实际上，在 10 多年前相关人士就已经认识到平衡公平与效率的问题了，现任海仲委副主任李虎在其 2005 年出版的专著《网上仲裁法律问题研究》当中，对这个问题有过非常精彩的论述①，本书摘录如下。

第一，仲裁程序的快速高效并不必然导致仲裁程序有失公正性。效

---

① 李虎. 网上仲裁法律问题研究［M］. 北京：中国民主法制出版社，2005.

率原则本身便是仲裁制度的一个重要原则。效率低下的仲裁会削弱仲裁制度本身的优势，使其与法院诉讼相比处于不利的地位。仲裁制度的兴起和发展在一定程度上要归功于对仲裁效益价值目标的追求。经济全球化和经济信息化客观上要求仲裁制度在确保实现仲裁公正价值目标的前提下进一步追求效益价值目标。仲裁制度对仲裁效益价值目标追求的最好例证便是现代化通信方式在仲裁程序中的广泛应用，以及简易或快速仲裁程序的出现与被普遍认同。无须赘述，现行国际商事仲裁实践已经证明，快速程序或简易程序亦可确保程序公正，实现程序正义。

第二，诚然，对仲裁程序快速高效的过度追求必然会削弱甚至抵消程序的公正性，从而使实现程序正义和仲裁公正的目标落空。对于任何仲裁程序而言，都必须在程序的高效性和程序的正当性之间寻求合理的平衡，即对仲裁程序效益价值的追求必须限定在不违反正当程序的范围内。

第三，就互联网仲裁而言，新技术所产生的信任感危机往往使人们对程序本身的公正性产生怀疑。因此，网络技术在互联网仲裁程序中的应用必须谨慎合理，以确保在提高效率的同时不至于危及或损害仲裁程序自身的价值及公正性。因此，只要在设计互联网仲裁程序时予以适当注意，就可以保证将网络技术的应用所带来的负面影响控制在符合正当程序要求的范围内。随着国际国内网络立法的完善，网络技术所引发的法律障碍正逐一得到解决。像常规仲裁一样，互联网仲裁完全可以在程序的高效性和程序的正当性之间寻求到合理的平衡点，从而确保程序公正。

第五章
互联网仲裁行业生态

一、互联网仲裁行业的发展模式与参与者

（一） 互联网仲裁的自建模式与合作模式

互联网仲裁行业的发展模式主要分为两种：一种是自建模式，即仲裁委员会自主开展互联网仲裁业务，实现仲裁程序的信息化及部分仲裁业务的在线化办理，后期通过第三方技术服务机构的参与，不断提高互联网仲裁的服务水平；另一种是合作模式，即第三方技术服务机构提供互联网仲裁技术支持，并通过与仲裁委员会合作，使仲裁委员会具备开展互联网仲裁业务的能力，并且第三方技术服务机构还会将自身的互联网仲裁服务系统与仲裁委员会的系统进行对接。

在实际发展过程中，在自建模式下，一方面，仲裁委员会的互联网化刚刚起步，处理互联网纠纷的能力有限。要实现仲裁流程的线上化，仲裁委员会需要投入大量的科技力量、人力资源力量，对仲裁委员会的资金实力要求较高，但实际开展互联网仲裁业务的仲裁委员会多分布在经济欠发达地区，它们的自身规模较小，资金实力相对有限。另一方面，仲裁委员会作为中立的第三方机构，扮演的是仲裁庭的组织者和管理者

的角色，体现的是公平正义，然而构建互联网仲裁服务平台后，仲裁委员会从仲裁庭的组织者和管理者变为双方当事人的服务者，具有明显的商业特征，产生了角色冲突。而在合作模式下，仲裁委员会通过与专业的第三方技术服务机构合作，不仅能使互联网仲裁的技术应用水平得以提高，使提供的服务更加全面，而且第三方技术服务机构更接近市场，能够引导更多的互联网仲裁服务平台与仲裁委员会对接，有助于扩大仲裁委员会的互联网仲裁业务规模。

合作模式已经成为互联网仲裁业务的主流发展模式。例如，哈尔滨仲裁委员会、齐齐哈尔仲裁委员会等与网仲科技合作，利用网仲科技的网络仲裁云平台系统共同推进互联网仲裁服务的发展，衢州仲裁委员会与互仲科技旗下的仲财通平台进行合作，亦笔科技帮助重庆仲裁委员会、南京仲裁委员会等完成了数字化改造，等等。

（二） 互联网仲裁行业参与者图谱

目前，互联网仲裁行业已经形成了较为完整的产业链。提供仲裁服务的仲裁委员会和提供互联网仲裁技术服务的第三方互联网仲裁服务平台是产业链的核心。第三方互联网仲裁服务平台包括专门的互联网仲裁服务机构、提供互联网仲裁服务的电子签名机构以及部分提供互联网仲裁服务的电子数据存证机构，其中，互联网仲裁服务机构和提供互联网仲裁服务的电子签名机构是主要的参与者。在互联网仲裁产业链中，电商平台、互联网银行、消费金融公司、网络小贷公司以及金融科技公司等具有互联网纠纷解决需求的公司或平台是互联网仲裁的需求方。法院是互联网仲裁裁决书的执行方，法律上明确规定，仲裁裁决只能到被执行人所在地或被执行人财产所在地的中级人民法院进行立案执行。此外，监管机构和区块链、大数据等技术提供方是互联网仲裁行业发展的基础设施，为互联网仲裁行业的发展保驾护航（见图 5 - 1）。

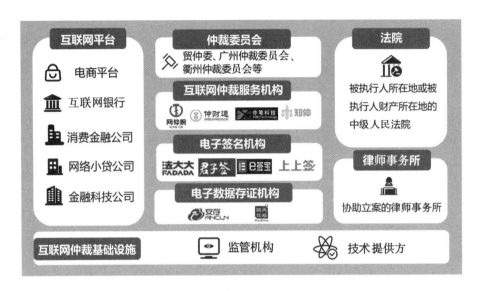

图 5-1 互联网仲裁行业参与者图谱

资料来源：零壹财经·零壹智库。

二、提供互联网仲裁服务的仲裁委员会

（一） 31 家仲裁委员会的互联网仲裁业务概况

1. 互联网仲裁规则制定情况

互联网仲裁规则是规范互联网仲裁活动的重要准则。目前，我国尚未推出统一的互联网仲裁规则，各仲裁委员会在受理互联网仲裁案件时，通常依据自身制订的规则进行裁决。在 2019 年司法部公布的 31 家开展互联网仲裁业务的仲裁委员会名单中，有 20 家已经制订了专门的互联网仲裁规则；6 家原有的仲裁规则中涉及关于互联网仲裁程序的电子数据、电子送达以及在线庭审的部分内容；剩余的 5 家尚未制订专门的互联网仲裁规则，原有的仲裁规则中也未涉及相关约定（见表 5-1）。

在应用范围上，值得注意的是，一些仲裁委员会制订了面向特定领域的互联网仲裁规则。保定仲裁委员会和珠海仲裁委员会制订的互联网仲裁规则专门针对互联网金融纠纷解决领域，这两家仲裁委员会还推出了相应的互联网金融仲裁平台；杭州仲裁委员会制订的互联网仲裁规则主要适用于杭州智慧仲裁平台上的电子商务纠纷、网络服务纠纷、小额借款纠纷及银行卡纠纷等。

表5-1　　　31家仲裁委员会互联网仲裁规则制订情况（截至2021年3月）

序号	仲裁委员会名称	互联网仲裁规则
1	衢州仲裁委员会	《衢州仲裁委员会网络仲裁规则》
2	广州仲裁委员会	《中国广州仲裁委员会网络仲裁规则》
3	保定仲裁委员会	《互联网金融纠纷专门规则》
4	湖州仲裁委员会	《湖州仲裁委员会网络仲裁暂行规则》
5	衡水仲裁委员会	《衡水仲裁委员会智能仲裁特别规定》
6	萍乡仲裁委员会	《萍乡仲裁委员会网络仲裁规则》
7	武汉仲裁委员会	《武汉仲裁委员会网上仲裁规则》
8	湛江仲裁委员会	原有仲裁规则对"视频开庭"和"电子送达"进行了规定
9	珠海仲裁委员会	《珠海仲裁委员会互联网金融仲裁规则》
10	台州仲裁委员会	—
11	哈尔滨仲裁委员会	《哈尔滨仲裁委员会网络仲裁规则》
12	海南仲裁委员会	原有仲裁规则涉及部分内容
13	普洱仲裁委员会	原有仲裁规则涉及部分内容
14	温州仲裁委员会	—
15	汕尾仲裁委员会	原有仲裁规则涉及部分内容
16	青岛仲裁委员会	《青岛仲裁委员会互联网仲裁规则》
17	阜阳仲裁委员会	—
18	贸仲委	《中国国际经济贸易仲裁委员会网上仲裁规则》
19	宜春仲裁委员会	—
20	深圳国际仲裁院	《深圳国际仲裁院网络仲裁规则》

续　表

序号	仲裁委员会名称	互联网仲裁规则
21	盐城仲裁委员会	《盐城仲裁委员会网络仲裁规则》
22	肇庆仲裁委员会	原有仲裁规则涉及部分内容
23	宁波仲裁委员会	《宁波仲裁委员会互联网在线仲裁规则》
24	南京仲裁委员会	《南京仲裁委员会网络仲裁规则》
25	杭州仲裁委员会	《杭州仲裁委员会智慧仲裁平台简易案件电子书面审理仲裁规则》
26	南宁仲裁委员会	《南宁仲裁委员会网络仲裁规则（试行)》
27	长春仲裁委员会	原有仲裁规则涉及部分内容
28	舟山仲裁委员会	《舟山仲裁委员会网络仲裁规则》
29	长沙仲裁委员会	《长沙仲裁委员会网络仲裁规则》
30	庆阳仲裁委员会	—
31	郑州仲裁委员会	《郑州仲裁委员会网络仲裁规则》

资料来源：各仲裁委员会官网，零壹财经·零壹智库整理。

注：仲裁委员会排序以受理的互联网仲裁案件数量为依据。

2. 互联网仲裁业务比重

2019 年，31 家仲裁委员会的互联网仲裁案件规模为 205544 件，其中，受理互联网仲裁案件数量最多的是衢州仲裁委员会，占全国总案件数量的一半，其受理的仲裁案件大部分为互联网仲裁案件；互联网仲裁业务占比在 95% 以上的仲裁委员会有 5 家，除衢州仲裁委员会外，还包括衡水仲裁委员会、萍乡仲裁委员会、保定仲裁委员会和湖州仲裁委员会；共有 9 家仲裁委员会的互联网仲裁业务占比在 50% 以上（见图 5 - 2）。

从互联网仲裁业务占比排名可以看出，仲裁委员会的互联网仲裁业务占比与其所在地区的经济发达程度、科技发展水平等并无直接联系。目前，三、四线城市的仲裁委员会是互联网仲裁案件的主要受理机构，主要原因之一是大型仲裁委员会以受理大宗商事纠纷为主，互联网仲裁案件集中于小额争议纠纷，小额争议纠纷并非大型仲裁委员会的重点受理领域；而且大宗商事纠纷主要分布在一线城市，这使得中小仲裁委员会的案件数量非常少，经常面临"无案可裁"的局面，互联网仲裁的发展为中小仲裁委员会提供了入场竞争的机会。通过转变发展理念，改革运行机制，中小仲裁委员会可迎来新的发展机遇。

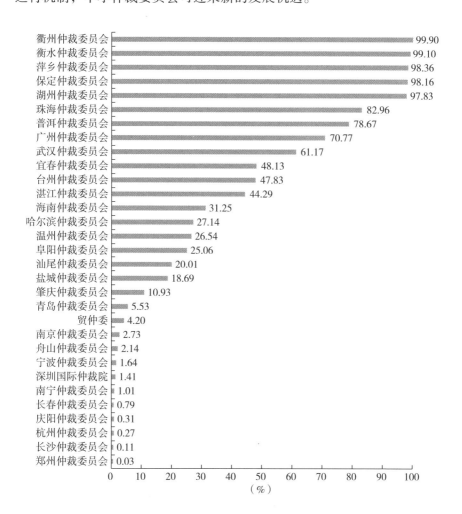

图5-2 2019年31家仲裁委员会互联网仲裁业务占比排名

资料来源：司法部公共法律服务管理局，零壹财经·零壹智库整理。

3. 互联网金融纠纷为主要的服务领域

互联网仲裁的大规模应用受益于互联网金融的发展。标的金额小、案件数量多、涉事人员分散度高是互联网金融纠纷案件的主要特点。互联网仲裁因其成本低、效率高、无地域限制以及保密性强等优势，得到越来越多的金融机构的运用和重视，目前，互联网金融纠纷解决成为仲裁委员会提供互联网仲裁服务的主要领域。

目前，31 家开展互联网仲裁业务的仲裁委员会中有 15 家已经针对互联网金融纠纷或金融纠纷制定了相应的仲裁规定，其中有 10 家仲裁委员会制定了专门的仲裁规定，有 5 家仲裁委员会在互联网仲裁规则中对互联网金融仲裁过程中的仲裁申请、仲裁庭组成、仲裁答辩及仲裁管辖权异议等进行了特别规定（见表 5－2）。

表 5－2　　仲裁委员会针对互联网金融纠纷或金融纠纷制定的仲裁规定

仲裁委员会名称	互联网金融纠纷或金融纠纷仲裁规定
衢州仲裁委员会	《衢州仲裁委员会网络仲裁规则》第五章"互联网金融仲裁特别规定"
广州仲裁委员会	《小额网购合同纠纷网络仲裁专门规则》
保定仲裁委员会	《互联网金融纠纷专门规则》
湖州仲裁委员会	《湖州仲裁委员会网络仲裁暂行规则》第五章"互联网金融仲裁特别规定"
衡水仲裁委员会	《衡水仲裁委员会互联网借贷纠纷网络仲裁专门规则》
萍乡仲裁委员会	《萍乡仲裁委员会小额网络金融合同纠纷网络仲裁专门规则》
珠海仲裁委员会	《珠海仲裁委员会互联网金融仲裁规则》
台州仲裁委员会	《台州仲裁委员会金融仲裁规则》
哈尔滨仲裁委员会	《哈尔滨仲裁委员会金融仲裁规则》
温州仲裁委员会	《温州仲裁委员会金融仲裁规则》
汕尾仲裁委员会	《汕尾仲裁委员会仲裁规则》第十三章"金融纠纷仲裁程序"
深圳国际仲裁院	《深圳国际仲裁院金融借款争议仲裁规则》
宁波仲裁委员会	《宁波仲裁委员会金融仲裁规则》
杭州仲裁委员会	《杭州仲裁委员会仲裁规则》第八章"金融仲裁的特别规定"
舟山仲裁委员会	《舟山仲裁委员会网络仲裁规则》第五章"互联网金融仲裁特别规定"

资料来源：各仲裁委员会官网，零壹财经·零壹智库整理。

（二）代表性机构：广州仲裁委员会、衢州仲裁委员会

1. 广州仲裁委员会——最早建立互联网仲裁平台

（1）广州仲裁委员会简介。广州仲裁委员会是成立较早的仲裁机构之一。为更好地服务珠三角经济发展，广州仲裁委员会分别于2005年、2006年在东莞市、中山市设立东莞分会、中山分会。与此同时，广州仲裁委员会自2011年起就着手专业仲裁院的建设，分别成立了金融仲裁院、知识产权仲裁院、广州国际航运仲裁院、广州建设工程仲裁院①。

近年来，广州仲裁委员会业务量年均增长超30%，根据司法部数据，2019年，广州仲裁委员会受理互联网仲裁案件47737件，案件标的额共计3146553万元。在覆盖领域上，案件覆盖金融、建设工程、房地产、投资、航运、互联网等多个行业。在国际化程度上，广州仲裁委员会受理的仲裁案件的当事人涉及美国、英国、德国、加拿大、澳大利亚、韩国、日本、新加坡、港澳台等在内的多个国家和地区。同时，为适应"互联网＋"的时代发展，广州仲裁委员会率先在国内推出互联网仲裁平台，实现仲裁全流程线上运行。

（2）广州仲裁委员会在互联网仲裁方面的探索。广州仲裁委员会的互联网仲裁转型探索始于2014年，自此，广州仲裁委员会开始了从立案到组建仲裁庭，再到仲裁裁决的全流程在线化办案。2015年，广州仲裁委员会推出了互联网仲裁平台，并在国务院法制办的支持下，主导发起建立了"中国互联网仲裁联盟"。2018年，广州仲裁委员会实现了批量案件自动化处理，案件处理能力和效率大大提升。为持续打造互联网法律生态圈，2019年，广州仲裁委员会将智能仲裁系统进行了全面升级，连接了各大平台。2020年新冠肺炎疫情期间，广州仲裁委员会更是发挥了"区块

---

① 广州仲裁委员会. 广州仲裁委员会简介［EB/OL］.（2021－03－17）［2021－03－30］. https://www.gzac.org/gzjj111/36669.jhtml.

链 + 互联网仲裁"的独特优势，实现了便捷高效的"零接触"仲裁①。

合规有效的仲裁规定是推动互联网仲裁发展的基础。2015 年，在推广互联网仲裁之初，广州仲裁委员会便制订了《中国广州仲裁委员会网络仲裁规则》，该规则对互联网仲裁的各个环节进行了详细的规定，明确了互联网仲裁的范围不局限于传统的网络纠纷，还包括非网络纠纷，同时也肯定了电子证据等的效力。此外，为进一步规范远程视频庭审实践操作，2020 年 4 月，广州仲裁委员会制订了《远程视频庭审操作流程指引》，其中涉及庭前、庭中和庭后三个阶段，对包括视频庭审申请受理及准备工作、庭审过程及庭审笔录签署、仲裁庭合议等程序在内的整个庭审流程进行了详细规定。

目前，"区块链 + 互联网仲裁"的模式已经成为广州仲裁委员会日常业务的重要组成部分。2017 年 12 月，广州仲裁委员会与亦笔科技、微众银行共同推出了首个区块链司法应用——仲裁链。借助区块链技术，仲裁链将实时保全的数据通过智能合约形成证据链，满足了证据的真实性、合法性、关联性的"三性"要求，进而实现了证据及审判的标准化。2019 年 10 月，广州仲裁委员会启用优化升级后的全新互联网"云仲裁"平台，通过将"仲裁链"与"云仲裁"平台对接，可实现集网上立案、远程庭审、区块链存证、批量智审于一身。在"区块链 + 互联网仲裁"的模式下，案件平均结案时间仅为 20 多天，案件处理效率大大提升。

2. 衢州仲裁委员会——以受理网络借贷合同纠纷为主，受理案件量位居全国第一

（1）衢州仲裁委员会互联网仲裁发展现状。为满足互联网金融产业的发展需求，2017 年，衢州仲裁委员会尝试开展互联网仲裁业务。衢州仲裁委员会受理的互联网仲裁案件以网络借贷合同纠纷为主，此外还涵

---

① 广州仲裁委员会. 广仲战"疫""放大招"——区块链 + 互联网仲裁［EB/OL］.（2020 - 04 - 17）［2021 - 03 - 30］. https：// www. gzac. org/jtal1/36569. jhtml.

盖网络服务合同、网络购物合同、银行信用卡纠纷等网络合同纠纷。2017—2019 年，衢州仲裁委员会受理的互联网仲裁案件量呈明显上升趋势，其中，2019 年，其受理互联网仲裁案件数量位居全国第一，共计106779 件，占总案件量比重高达 99.90%（见图 5 - 3）。

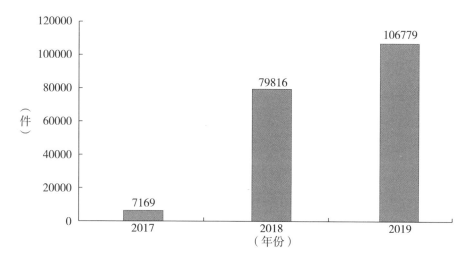

图 5 - 3　2017—2019 年，衢州仲裁委员会受理的互联网仲裁案件量

资料来源：衢州仲裁委员会官网，零壹财经·零壹智库整理。

（2）衢州仲裁委员会在互联网仲裁领域的探索。衢州仲裁委员会的互联网仲裁业务依托于"云仲裁"平台。2017 年年初，衢州仲裁委员会开始筹备互联网"云仲裁"平台建设；同年 9 月，"云仲裁"平台正式投入运行。"云仲裁"平台可以实现立案、审理和裁决整个仲裁流程的智能化。

在立案上，衢州仲裁委员会打造了"云仲裁"平台的"数据大脑"，系统可对仲裁申请书及证据材料进行要素化和结构化设定，符合立案标准的仲裁申请，仲裁平台的自动数据分析检验系统会进行智能校验，实现一键审查、一键标记、一键立案、一键流转。在仲裁案件审理上，"云仲裁"平台集在线身份认证、电子存证、电子送达、在线审理、在线流程管理等功能于一体。案件审理过程中，仲裁员与双方当事人可以在规定期限内自行选择时间登录平台完成仲裁案件审理，案件审理时限一般在 20 天以内，最快可达到 7 天。在裁决阶段，"云仲裁"平台搭建了智慧仲裁辅助系统，通过智能合约技术批量快速地对案件事实进行分类梳理，依据互联网仲裁规则及第三方确权鉴定机构的相关数据拟出初步裁决意见，经仲裁员人工复核后，批量化地完成仲裁裁决书的制作，文书智能化生成、数据结构化识别、文档精致化分类等"一步到位"①。

此外，为提高互联网仲裁的裁决效率和公信力，在合作企业的产品推出前，衢州仲裁委员会会提前接入，进行法律风险防控。一是成立互联网仲裁调解小组，努力做到"能调尽调"；二是组建一个由法官、律师以及来自建筑、保险、银行等多行业的专业人士组成的专家库，为合作企业提供法律咨询和专家论证服务②。

三、互联网仲裁服务机构

（一）互联网仲裁服务机构概况

互联网仲裁服务机构指专门提供互联网仲裁服务的第三方技术服务机构，此类机构的出现得益于互联网金融的发展。在互联网仲裁行业发展的高峰期，提供互联网仲裁服务的机构达到几十家，但由于相关法律法规的缺失和先予仲裁、部分仲裁程序缺失等行业乱象的出现，以及互联网金融行业发展经历波折等，互联网仲裁行业发展触底，一大批机构退出了这一领域。目前，行业现存的互联网仲裁服务机构主要包括以网仲科技、互仲科技、亦笔科技、知仲科技等为代表的互联网仲裁领域的持续推动者。

---

① 佚名. 创新"云仲裁"新模式积极打造"网上枫桥经验"升级版［EB/OL］.（2020－12－28）［2021－03－30］. https：//www.faanw.com/zhihuisifa/5233.html.

② 浙江省人民政府. 衢州市打造全省首个"云仲裁"平台［EB/OL］.（2019－06－10）［2021－03－30］. https：//www.sohu.com/a/319512152_120163046.

作为第三方技术服务机构，互联网仲裁服务机构帮助互联网平台、仲裁委员会以及法院三者间实现了信息互通。在实际业务开展过程中，互联网仲裁服务机构首先帮助仲裁委员会进行数字化改造，使其具备互联网仲裁的能力；然后，将自身的互联网仲裁服务平台和仲裁委员会的系统实现对接，为仲裁委员会推送仲裁案件；最后，为解决互联网仲裁面临的执行难问题，互联网仲裁服务机构通常还会推出案件执行相关服务，与全国各地的律师建立合作关系，帮助互联网仲裁服务平台将仲裁裁决书送达法院，进行立案执行，从而提高案件的执行效率。

（二）代表性机构：网仲院、互仲科技、亦笔科技

1. 网仲院——打破"调解—仲裁—执行—回款"的壁垒，实现清收一体化

（1）网仲院公司简介。网仲院是网仲科技旗下不良资产智慧清收的综合服务平台。网仲院自创立以来秉承"简洁、平等、高效、创新"价值理念，聚集大批高素质的互联网人才和法律服务专家，利用人工智能和区块链技术提供"依法处置不良资产"的一揽子解决方案，为金融机构提供专业、经济、高效的一站式服务，配合新时代下线上仲裁和智慧执行的理念，打造智慧清收领域的新生态。

作为全国首批实现仲裁案件跨区域异地立案和强制执行的科技企业，网仲院利用遍布全国的司法网络，与全国多家仲裁委员会和法院、律师事务所实现数据交互，安全极速地批量出裁与执行，最大限度地保护债权人合法权益。

（2）网仲院的产品体系：依法清收和资产处置。网仲院的产品主要分为依法清收和资产处置两大体系（见图5-4）。在依法清收方面，目前互联网仲裁处理的案件绝大部分是互联网上的批量、小额、分散的贷款案件，这些案件标准化程度较高。然而这些案件贷后处理的标准化程度极低，全国各地的仲裁委员会、法院处理这些案件的标准千差万别。

网仲院希望能够尽可能地兼容各个机构的不同要求，促使这些千差万别的标准能够在实践中渐渐趋同，最后形成一套或者几套相对一致的标准，从而推动此类案件在贷后处理上的标准化进程，逐步提高处置效率。在资产处置方面，网仲院从互联网仲裁切入，希望通过大量的业务积淀，未来能够为不良资产定价。

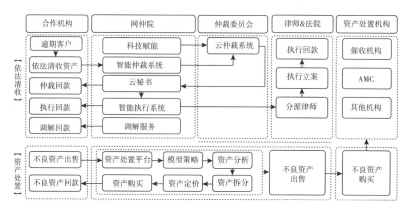

图 5-4　网仲院的产品体系

资料来源：网仲院。

执行难是互联网仲裁面临的最大难点，解决这一问题的根本办法是实现金融机构、仲裁委员会及法院三者间的信息互通，促使整个互联网仲裁流程标准化。为此，网仲院推出了智慧清收系统（见图 5-5）。该系统包含案件管理、调解、仲裁、执行四大模块，打破了"调解——仲裁——执行——回款"的壁垒，真正实现了清收一体化。

①案件管理模块。网仲院可以提供云端和本地化两种管理方式。如果合作的金融机构在云端部署了系统，网仲院可以提供标准版 SaaS（软件即服务）系统，合作机构可以直接登录网仲院的 SaaS 系统，进行相关业务操作。如果合作机构选择本地化部署，可以采用 API（应用程序编程接口）形式与网仲院系统进行对接；接入完成后，通过自有系统提交相关业务，这种方式的好处在于可以在本地进行定制化的开发。

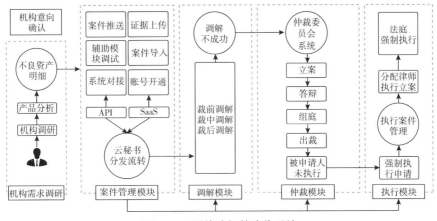

图 5-5 网仲院智慧清收系统

资料来源：网仲院。

②调解模块。网仲院与具有公信力的机构合作，可以实现裁前、裁中、裁后调解。目前，网仲院已经与双鸭山仲裁委员会、哈尔滨仲裁委员会、齐齐哈尔仲裁委员会、七台河仲裁委员会等多家仲裁机构下属的人民调解中心达成了合作。

③仲裁模块。智慧清收系统需要与各地仲裁委员会的系统对接，设置了立案、答辩、组庭、出裁等环节。在这个模块中，网仲院提供的方案充分考虑了双方当事人的权益保护，这是后续案件能够被法院立案执行的关键。比如，在进入仲裁程序之后，智慧清收系统留出时间让双方当事人选择仲裁员，并且约定时间进行云开庭。

④执行模块。这是网仲院着力深耕的部分。目前，智慧清收系统的执行模块已经覆盖了31个省市区的182家执行法院，网仲院充分了解了这些法院的立案执行规则，能够最大限度地辅助法院提高案件处置效率。与此同时，网仲院还自主研发了系统的案件分配策略，在案件的执行环节，案件分配策略可快速分析案件因子，匹配最佳律师资源，减少维权成本，提高维权效率。

随着互联网仲裁服务的深入发展，网仲院的发展目标是为不良资产定价。在运用互联网仲裁方式帮助金融机构解决互联网金融的贷后问题的同时，由于业务需要，平台上会沉淀贷后的全套数据，有了这些数据，就可以为批量小额不良资产定价。这实际上可以帮助金融机构将不良资产这一潭死水给盘活，对整个金融体系来说意义重大。

2. 互仲科技——打造互联网仲裁服务平台，做仲裁委员会和互联网平台的"连接者"

（1）互仲科技公司简介。互仲科技成立于 2017 年 4 月，定位于法律科技公司，仲财通是其运营的互联网仲裁服务平台。仲财通主要和衢州仲裁委员会开展仲裁案件的合作，处理的案件标的额度为 1000 元到 20 万元，主要集中于 1000～2000 元的小额贷款纠纷。从成立至今，仲财通处理的互联网仲裁案件已达 20 万余件，付费用户数超 100 家，包括中邮消费金融、马上消费金融、京东金融等在内的持牌消费金融机构和大型金融科技公司都是其主要客户。

（2）仲财通平台的服务特点。仲财通连接了互联网平台和仲裁机构，通过对法律科技的持续研发投入，不断提高智能化纠纷解决的效率，已经使互联网仲裁成为处理涉网纠纷的主流解决方案。

在提供互联网仲裁服务的过程中，仲财通并不会向客户承诺回款率，而是告知客户真实情况，使得后续的服务与客户的预期相符，从而推动长远的合作；在辅助进行互联网仲裁的过程中，仲财通会提供专业的证据合同的规划设计服务，匹配不同地区的仲裁委员会和法院的要求。同时，互仲科技不断加大技术投入，能够对案件进行辅助批量处理，以提高服务效率。从创立至今，互仲科技不断提升科技法律的服务能力，研发投入已超 3000 万元。

为提高案件的回款率，从 2020 年下半年开始，在前期提供互联网仲裁的科技法律服务的基础上，互仲科技旗下的仲财通开始提供在线调解服务，即仲裁委员会在线接受调解申请后，由仲财通的专业团队为金融机构的贷后纠纷提供调解服务。目前，由仲财通提供服务的调解案件已经达到 30 万余件。

3. 亦笔科技——从"区块链 + 电子证据"切入互联网仲裁

（1）亦笔科技公司简介。2016 年，亦笔科技的技术团队开始研究区块链技术，并着手探索区块链技术的具体应用。在成立初期，亦笔科技主要将区块链技术应用于电子证据中，为银行搭建电子证据平台。在为银行搭建电子证据平台的过程中，亦笔科技发现银行最大的痛点是不良资产处置。不管是在当时的环境中，还是在现在的环境下，由于法院的员额法官数量有限加之最高人民法院对诉源管理的要求，法院对辖区内的金融机构的案件数量有一些限制，希望大量的案件能够通过调解、仲裁等非诉讼方式得以解决，从而实现案件的分流。

经过近 2 年的沉淀，2017 年 12 月，亦笔科技与广州仲裁委员会、微众银行共同推出首个区块链司法应用——仲裁链。仲裁链发布之后，亦笔科技开始为仲裁委员会提供在线审判的整体解决方案。2018 年 1 月，亦笔科技和中国海事仲裁委员会达成了合作。目前，其合作的仲裁委员会已经覆盖 8 个省。

（2）仲裁链的运作流程。2018 年 2 月，基于仲裁链的业内首份裁决书诞生。仲裁链发挥了区块链技术的透明、防篡改、全流程追溯等优势，利用分布式数据存储、加密算法等技术对交易数据进行共识签名后上链，将实时保全的数据通过智能合约形成证据链，以满足证据的真实性、合法性、关联性要求，进而实现证据及审判的标准化。

它将传统模式下长达 1 ~ 3 个月的仲裁流程缩短到 7 天左右，司法成本也降至传统模式的 10% 左右。区块链技术及运作机制客观透明，其应用使得证据或合同的容灾能力、可靠性和容错性更强，从而可免去很多因摩擦纠纷产生的支出，并有效降低人工操作风险与道德风险，有效地解决了取证难、仲裁难的痛点，同时也有利于维护执法透明、司法公正与社会和谐。

当业务发生时，用户的身份验证结果和业务操作证据的 Hash[①] 均记

---

① Hash，一般译作散列，是把任意长度的输入通过散列算法变成固定长度的输出，该输出就是散列值。

录到区块链上。当需要仲裁时，后台人员只需点击一个按键，相应的证据便会传输至仲裁机构的仲裁平台上。仲裁机构收到数据后与区块链节点存储的数据进行校验，确认证据真实、合法有效后，依据互联网仲裁规则依法裁决并出具仲裁裁决书。

从仲裁链的运作流程来看，仲裁机构可借此参与到存证业务过程中来，一起共识、实时见证，一旦发生纠纷，经核实签名的存证数据可被视为直接证据。基于仲裁链的互联网仲裁流程如图5-6所示。

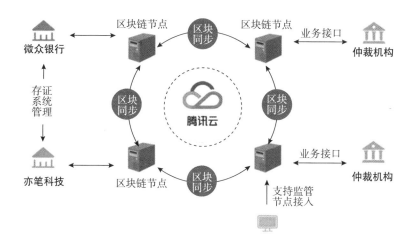

图5-6　基于仲裁链的互联网仲裁流程

资料来源：亦笔科技、微众银行。

四、电子签名服务机构

（一）　电子签名在互联网仲裁中的应用

自2005年4月1日起，《电子签名法》施行，确立了可靠的电子签名与手写签名或盖章具有同等的法律效力，自此，电子签名进入了有法可依的时代。根据《电子签名法》的规定，电子签名是指数据电文中以电子形式所含、所附用于识别签名人身份并表明签名人认可其中内容的数据，而数据电文，是指以电子、光学、磁或者类似手段生成、发送、接收或者储存的信息。目前，电子签名主要有三种形式：一是电子文件中的手写签名的数字图像化，包括采用一些生物技术辨别法所形成的图像；二是收发件人发出的一种证实收发件人身份的数字密码或计算机口令；三是采用特定的生物技术识别工具如用指纹代替传统手写签名。

在互联网仲裁中，仲裁程序在线上进行，仲裁过程中的文书、通知和证据等也由纸质形式转化为电子数据形式，确认仲裁参与者的身份以及确认文书、通知和证据的有效性均需借助可靠的电子签名。目前，各仲裁委员会也均依据《电子签名法》在互联网仲裁规则中对电子签名的有效性进行了相应的规定。以广州仲裁委员会为例，其在《中国广州仲裁委员会网络仲裁规则》中规定："当事人可以采用可靠的电子签名，可靠的电子签名与手写签名或者盖章具有同等的法律效力。可靠的电子签名须同时满足如下条件：①电子签名制作数据用于电子签名时，属于电子签名人专有；②签署时电子签名制作数据仅由电子签名人控制；③签署后对电子签名的任何改动能够被发现；④签署后对数据电文内容和形式的任何改动能够被发现。经依法设立的电子认证服务提供者认证的电子签名视为可靠的电子签名，当事人可以选择使用符合其约定的可靠条件的电子签名。"

具体来说，电子签名在互联网仲裁中的应用主要集中于以下五个方面。

第一，立案时当事人的身份认证。一般情况下，互联网仲裁在立案时，当事人或其代理人需要在网上立案系统进行注册，系统向各用户发放账户，再由用户设置密码，密码与账户之间是唯一的对应关系，该密码即电子签名。当事人可以通过使用该电子签名，表明其当事人的身份，进入系统提交身份证明、仲裁申请书和证据等材料。通过使用自己的电子签名，当事人既实现了材料的提交，同时也对提交的材料内容进行了固化，可用于开庭时仲裁员对其进行远程身份认证。

第二，仲裁员身份认证。仲裁机构在仲裁员管理系统中录入仲裁员的相关数据，并对仲裁员的手写签名进行数字化采集，对仲裁员的身份信息进行数字化管理。仲裁员在仲裁员管理系统进行相应的操作，设置自己的系统密码，仲裁员可以凭借该密码验证自己的仲裁员身份，同时也可以在对电子签名进行授权时予以调查核对。

第三，网上开庭时的身份认证。当事人及仲裁员登录在线开庭系统，系统会获取当事人及仲裁员的电子签名，通过身份验证后才能进行在线开庭。

第四，裁决文书的签字。仲裁员登录互联网仲裁系统，选取自己经办案件的裁决文书，确认文书内容准确无误后，使用之前采集的电子签名进行签署确认。

第五，实现电子证据的固化。电子签名作为一种基于网络的、虚拟的核证技术，可以用来核证数据电文的有效性和安全性，对还原案件事实、锁定行为主体具有重要意义[1]。

（二） 电子签名服务机构在互联网仲裁领域的实践

目前，电子签名服务机构的服务范围已经由电子签名服务延伸至了身份认证、合同签署、合同管理、证据存储等多个领域。随着电子签名产业链的不断完善，司法服务也成了电子签名服务机构为客户提供的增值服务。一些电子签名服务机构凭借自身在电子签名、电子合同及电子证据等领域的优势，切入了司法领域，以提供合法可靠的电子签名服务、电子合同服务为核心，扩充保全公证、司法鉴定、互联网仲裁、律师服务等在内的司法增值服务，从而不断提高自身在电子签名服务领域的竞

---

① 易云章. 电子签名在网络仲裁中的应用 ［EB/OL］. （2017 － 10 － 13）［2021 － 02 － 23］. https：//www.sohu.com/a/204300525_627992.

争力。

目前，以法大大、易保全旗下的君子签等为代表的一批电子签名服务机构已经和仲裁委员会开展合作，为其客户打造全生命周期的电子签名服务。在合作过程中，电子签名服务机构将自身的电子签约系统和仲裁委员会的系统进行对接，在发生网络纠纷时，客户通过电子签名服务机构的电子签约系统签订的电子合同、电子签章等，可"一键对接"仲裁委员会，进行互联网仲裁。并且，经过电子签约系统生成的电子合同、电子签章等都会被电子签名服务机构进行专业存证，在仲裁环节，这些电子数据都会成为仲裁委员会、法院认可的电子证据。

（三）代表性机构：法大大、易保全

1. 法大大——搭建多元化争议解决平台，为不良资产处置提供证据链保全服务

（1）法大大公司简介。法大大成立于 2014 年 11 月，是国内的一个电子合同、电子签名、电子签章服务平台，面向教育、医疗、汽车、房地产及金融等多个行业提供电子合同签署及证据保全服务。服务产品包括合同模板、合同编辑、智能审核、合同签署、存证、出证，同时，还整合提供线上司法鉴定及律师服务，可实现合同全生命周期的线上闭环。根据 IDC（国际数据公司）发布的《中国电子签约软件市场份额报告(2019)》，法大大以 26.6% 的市场份额位居国内电子签约市场第一。2021 年 3 月，法大大完成 D 轮 9 亿元融资，由腾讯领投，众为资本、大钲资本跟投。

（2）法大大在互联网仲裁领域的实践。2015 年，法大大与广州仲裁委员会达成战略合作，法大大的电子合同系统和广州仲裁委员会的互联网仲裁系统实现对接。客户通过法大大签订的电子合同可以直接申请"一键仲裁"，引入电子合同系统后，利用法大大的技术手段固化网络交易合同数据，可以加快证据受理速度，进而提高解决纠纷的效率。

2018年，法大大又联合广州仲裁委员会上线了"一站式"互联网仲裁服务系统。该系统包含电子合同签署及存证、电子证据梳理、网络仲裁系统服务、申请法院强制执行等网络借贷纠纷解决的全过程。同时，服务全程由专业律师介入，通过互联网仲裁服务平台，向仲裁委员会提出仲裁申请并推送电子合同及有效电子证据。法大大的互联网仲裁服务流程如图5-7所示。

电子合同　　批量案件　　仲裁申请书和　　批量提交广州仲裁　　批量强制执行
及电子证据　提交法大大审查　授权委托书　　委员会并获得快速
梳理　　　　　　　　　批量在线签署　　审理裁决

图5-7　法大大的互联网仲裁服务流程

资料来源：法大大。

为进一步解决不良资产处置痛点，2019年，法大大推出了"实槌"保全系统，通过对接互联网法院、仲裁机构以及公证处的系统，搭建多元化的争议解决平台，为不良资产处置提供证据链保全服务。

"实槌"保全系统会将公证处以及司法鉴定机构的服务器提前架设到各类金融系统当中，以实现对全业务流程的电子数据进行实时、主动的采集。电子证据经过公证和司法鉴定后，被法院及仲裁委员会采信的概率大幅度提高。一旦产生争议，"实槌"保全系统能够通过快速裁判系统实现一键立案申请，即在线完成案件的仲裁申请或者在线起诉，也可以通过对接公证处，一键申请出具电子公证书以及执行证书。目前，"实槌"保全系统已经和广州仲裁委员会、武汉仲裁委员会等多家仲裁委员会及多所互联网法院、公证处实现合作。其中，互联网仲裁部分，可以做到"立案—线上审理—裁决—结案"的快速处理，仲裁效率大大提高了。出具仲裁结果之后，如果有执行难的问题，"实槌"保全系统还能够将已完成裁决、判决结案的案件，以及获得公证书、执行证书的案件，通过委外执行系统申请执行，一键匹配、委托当地的专业律师提供执行服务。①

2. 易保全——打造"区块链＋互联网仲裁＋电子签约"模式

（1）易保全公司简介。易保全成立于 2014 年，是一家运用区块链技术进行电子数据固化存证，并被司法机关认可的电子数据存证保全机构。易保全以电子数据存证保全为基础，推出了电子签约领域的君子签、知识产权保护领域的微版权、互联网司法服务领域的仲证宝。此外，易保全还联合公证处、仲裁委员会、版权保护中心、司法鉴定中心、CA（证书授权）机构等共同发起"保全链"开放平台，为不同群体提供取证、存证、出证等一站式区块链保全服务。

（2）易保全在互联网仲裁领域的实践。易保全在互联网仲裁领域的实践始于 2016 年。2016 年，易保全成立了智能仲裁一体化服务系统——仲裁宝，2017 年，仲裁宝和珠海仲裁委员会系统实现对接，并于 2018 年年初联合珠海仲裁委员会出具了国内第一份互联网仲裁电子裁决书。

仲裁宝可提供多渠道仲裁、前置合规、案件跟进和代理执行等服务。易保全已经与国内 10 多家仲裁委员会达成了合作。在客户签订合同前，仲裁宝会帮助客户制定合规的合同及商业模式，规避因合同内容不合规、相关条款使用不当等问题导致最终不被仲裁庭采信的风险；在仲裁过程中，仲裁宝为客户提供申请书模板、在线实时答辩、案件跟催、代领仲裁裁决书等服务；在仲裁执行阶段，仲裁宝建立了全国律师库系统，通过律师与当地法院直接进行沟通，协助裁决书的执行。仲裁宝的仲裁流程如图 5 - 8 所示。

作为易保全旗下的区块链电子签约平台，君子签创造了"区块链＋司法＋电子签约"，将区块链存证、电子签约和司法服务相结合，通过君子签签署的合同、协议等，都通过保全链进行加密，然后将生成的 Hash

---

① 佚名. 不良资产处置难，你需要这把"实槌" ［EB/OL］. （2019 - 09 - 19）［2021 - 02 - 23］. https：//mp. weixin. qq. com/s/sAHsuXG - kITkQyokxxmpjQ.

摘要同步存储于公证处、司法鉴定中心、仲裁委员会、互联网法院等联合建立起来的存证联盟链，使每一份电子数据都能成为可靠有效的证据。具体来说，在存证环节，君子签利用区块链的"不可篡改、可追溯"等特性，认定电子证据产生的环境和时间，为其存储提供高质量的数据源，保证数据存储安全和流转可追溯；在举证、出证及法律服务环节，通过与公证处、仲裁委员会等机构合作，可在线快速进行区块链存证证据查验，并支持在线出具公证书、公证保管函及在线公证、在线仲裁等法律服务。

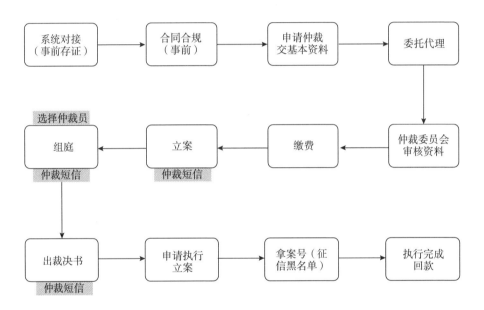

图 5－8　仲裁宝的仲裁流程

资料来源：易保全。

第六章
互联网仲裁典型业务案例

一、仲裁委员会：广州仲裁委员会

广州仲裁委员会是 1994 年《仲裁法》颁布之后全国最早设立的商事仲裁机构。

2015 年，广州仲裁委员会率先启动互联网仲裁工作，通过新一代信息技术的赋能，充分利用"互联网＋"带来的便利，努力让仲裁变得更加便捷高效。通过和中国联通合作，建设了基于加密网络的专有云平台的远程音视频开庭系统，不但可以做到涉网纠纷线上申请、线上审理，也可以实现其他案件的远程审理，这非常适合国际商事仲裁案件的处理，大大降低了不同国家和地区当事人为解决纠纷而需要付出的交通、时间和人力成本。

（一）互联网金融借贷违约仲裁案例

1. 案情简介

2019 年 7 月至 2019 年 10 月，申请人某银行与被申请人张某通过数据电文方式签订了多份《个人借款合同》。申请人依照合同约定向被申请人发放借款共计 57400 元，但被申请人获取借款后未按期归还借款本息，构成违约。

该银行的小微贷款业务此前已通过了合规审核，完成了与广州仲裁委员会互联网仲裁平台的批量智审系统的数据对接。申请人多次催收未果，便在其所在地直接登录该平台，以数据推送的方式实现一键立案，将案涉多份合同及相关证据上传至平台。

广州仲裁委员会于2020年3月6日受理该案，并按照被申请人实名验证的手机号码以及合同约定的电子邮箱发送短信URL（统一资源定位器）及邮件通知，告知被申请人通过该互联网仲裁平台进行案件关联和身份验证，并送达了立案通知书、当事人指引、仲裁申请书及证据等相关案件材料。

被申请人在收到通知后即按照指引登录广州仲裁委员会互联网仲裁平台进行注册，登录成功后便直接在平台上对申请人的请求进行答辩、质证和举证。3月16日，该案组成仲裁庭，仲裁庭在互联网仲裁平台核验电子证据，针对该案情况向双方当事人进行调查询问并确认双方的和解意愿，双方当事人在仲裁庭给予的期限内，通过远程视频、异步审理的方式在平台上回答仲裁庭的问题并补充了相关的证据。在仲裁庭的调解下，双方达成了和解协议，仲裁庭根据和解协议于3月25日制作了调解书，用了不到一个月的时间便解决了申请人与被申请人之间的纠纷。

2. 案例解析

第一，当申请人与被申请人之间产生纠纷时，当事人可在异地通过互联网仲裁平台进行在线立案，足不出户便能够提起仲裁，直接在平台上提交申请、举证质证，随时随地都可以补充材料，所有证据材料在线核验并以电子送达的方式送达双方当事人，极大地节省了当事人的时间与精力，为当事人提供了方便快捷的维权通道。

第二，根据《仲裁委员会仲裁收费办法》的规定，仲裁费用包括案件受理费及案件处理费两部分。根据广州仲裁委员会现行的收费办法，全程线上处理的互联网仲裁案件的当事人在立案时可申请暂缓缴纳案件处理费,未出现需要补缴案件处理费的情况的,结案后可以免收案件处理费,从而减少了当事人的维权成本,也减轻了最终承担该费用的败诉方的负担。

第三,该案是互联网仲裁案件,故有关案件材料及通知的所有送达方式均为电子送达。在互联网仲裁平台上,可以通过查询送达回执的方式确认送达情况,若电子送达存在问题,便以线下邮寄送达的方式进行补强,充分保障当事人的程序权利。

第四,在互联网仲裁平台注册时,需填写身份证件信息,经证件证照比对、匹配国家统一身份认证平台上的认证信息、生物特征识别并核验通过后才能注册成功。被申请人成功注册并登录后,就可以直接在互联网仲裁平台上进行案件关联,查询到与自己有关的所有案件信息,并进行答辩、举证与质证,保障自身的相关权利。

第五,在审理该案的过程中,仲裁庭可通过互联网仲裁平台在线查看双方当事人的仲裁请求、证据材料、答辩及质证意见等,并针对案件情况,直接在线发起仲裁庭调查,要求当事人在时限内回答问题或补充相关证据,在充分保障了双方当事人的各项权利的情况下,通过视频庭审、异步书面审理的方式查清案件事实,同时可通过在线方式促进双方当事人进行和解。

第六,该案从受理立案到调解结案,仅花费了不到一个月的时间,速度快、效率高,及时维护了当事人的合法权益,真正做到了便民、利民,体现了互联网仲裁平台便捷、智能、高效的特性。

3. 社会意义

该案中,双方当事人通过数据电文方式签订合同,且后续合同的履行也全程在网络上进行,若采用传统的线下纠纷处理模式,要求当事人现场立案,再经过线下送达,通知各方当事人到庭开庭,势必造成资源的浪费,也与线上交易模式不相契合。通过广州仲裁委员会互联网仲裁平台进行互联网仲裁,可以节省当事人的维权成本,实现民商事网络交易的在线快速维权，帮助申请人快速解决纠纷。在互联网仲裁平台上，被申请人可以直接、及时地针对仲裁案件进行答辩、举证与质证，保障自身的合法权利，减轻了负担。

随着互联网经济的发展，越来越多的民商事交易在网上进行，这就亟待互联网法律服务的发展，而互联网法律服务体系的完善，又将进一步促进互联网经济的繁荣。广州仲裁委员会互联网仲裁平台的建立，与互联网经济的发展相契合，为互联网民商事交易提供了一个方便、高效、专业、智能的纠纷解决平台，让当事人可以足不出户地维护自己的合法权益。而平台通过大数据、人工智能、区块链等技术的运用，从主体身份识别、电子数据核验、异步审理与远程视频庭审到送达过程的全程留痕可溯，确保了互联网仲裁程序的完整与规范，在保证效率的同时也着重保障了各方当事人的程序与实体权利。通过互联网仲裁平台进行仲裁，可以充分发挥多元化纠纷解决机制的作用，降低司法成本，减少社会矛盾，助力共建社会信用体系，保护广大人民群众的合法权益。

（二）　首例跨国合同纠纷远程庭审案例①

2019年11月20日，广州仲裁委员会的分支机构——中国南沙国际仲裁中心的仲裁庭依法不公开审理了一宗关于柬埔寨当地某知名矿泉水产品的国际货物销售合同纠纷案件。与一般庭审不同的是，中方当事人坐在南沙的仲裁庭里，柬方当事人远在千里之外的金边。仲裁庭借助远程音视频开庭系统，打破了空间限制，便利了国际商事仲裁案件的处理。该案的远程庭审开创了国际商事仲裁案件远程庭审的先例。

该宗国际商事仲裁案件的双方，分别为一家中国企业和一家柬埔寨

---

① 吴笋林. 广州仲裁委首例跨国远程庭审　15天化解国际商事纠纷［N］. 南方都市报，2019－11－28（EA04）.

企业。双方基于广交会（中国进出口商品交易会）相识，后中方企业因有赴柬埔寨投资拓展生意的需求，需要举办一场推介会。为了在会场增加柬埔寨元素，遂向该柬埔寨知名矿泉水生产商订购了一批矿泉水。后因会期原因，以及国际货运等因素，柬方企业在提供了货物之后未能如约收到货款，双方遂产生了合同违约纠纷。按照事先约定，双方选择由中国南沙国际仲裁中心受理本案并通过仲裁方式解决争议。

11 月 20 日，历经两小时庭审，中柬双方当事人在仲裁庭的释法说理之下息诉止争，以和解方式结束了纠纷。双方甚至当场达成了更进一步的商业合作意向。该案从受理到当庭和解，用时仅为 15 天。

在跨境贸易中难免出现纠纷。在生意往来中遇到纠纷后，如果选择在异国进行诉讼，除了人生地不熟、对异国司法制度陌生，交通就需要花费不少的时间、金钱和人力成本。远程庭审能够帮助纠纷双方大大节约成本，高效处理纠纷。

（三）"互联网＋仲裁" 破解疫情防控期间的仲裁难题

2020 年 7 月 6 日，广州仲裁委员会受理了一起标的超过百万元、涉及近 30 名中国员工的劳务合同纠纷。该案的被申请人系外资企业，其作为用工单位与作为用人单位的申请人签订了劳务派遣外包服务合同，受新冠肺炎疫情影响，被申请人经营困难，未能按时支付派遣外包人员工资及申请人的劳务费。作为一家有责任心的中国企业，申请人为了尽量挽回损失及维护中国员工的利益，遂向广州仲裁委员会提起仲裁。

尽管疫情防控措施的严格实施让现场庭审难以开展，但考虑到疫情期间用人单位面临较大的生产经营压力，部分员工甚至会面临待岗失业、收入减少等风险，为满足当事人希望快速解决纠纷的期待，最大限度地保障人民群众的生命财产安全，广州仲裁委员会指定来自东莞的首席仲裁员陈某以及来自香港的仲裁员潘某、来自台湾的仲裁员温某依法组成本案仲裁庭。7 月 30 日，东莞、香港、台湾三地的仲裁员即在网络远程视频的协助下通力合作，克服距离和疫情带来的影响，顺利完成了庭审，并根据查明的事实及法律规定迅速做出了裁决。

"互联网＋仲裁"的优势在于在提供方便快捷、精准高效的法律服务的同时可以有效避免人群聚集交叉感染风险，降低参与仲裁的成本。结案后，各方对广州仲裁委员会在疫情期间实现了仲裁服务"零跑腿""零接触"予以高度认可，申请人也对广州仲裁委员会切实保障了其合法权益并挽回了此次案件所涉员工的损失表示了感谢。

二、第三方互联网仲裁服务机构：网仲院

网仲院是网仲科技旗下不良资产智慧清收的综合服务平台。网仲院利用人工智能和区块链技术提供依法处置不良资产的一揽子解决方案。

作为全国首批实现仲裁案件跨区域异地立案和强制执行的科技企业，网仲院利用遍布全国的司法网络，与全国多家仲裁委员会和法院、律师事务所实现数据交互，安全极速地批量出裁与执行，最大限度地保护债权人的合法权益。

（一）为金融机构提供仲裁解决方案案例

1. 与 Y 银行共同搭建依法清收新生态

随着互联网金融业务的不断增长，Y 银行饱受不良贷款余额和不良贷款率增长的困扰。同时，在强监管的大背景下，Y 银行的不良贷款清收存在手段单一、回款比例小、效率低下的问题。

银行的传统司法清收模式为银行向当地人民法院提起诉讼请求，法院判决后，银行依据裁判文书申请法院执行局强制执行。虽然国内的大多数商业银行采用此模式，但是该模式有周期长、费用高等劣势。案件从诉讼到执行回款常常需要 6 个月以上的时间。显而易见，传统司法清收模式已经无法满足当前银行业的发展要求。

为了打破这一现状，2020 年 5 月，Y 银行与网仲院达成战略合作协议，共同搭建不良资产清收新生态。网仲院利用自身丰富的依法清收经验，通过"互联网＋法律"的科技手段，丰富 Y 银行的不良贷款解决路径，推进"信用中国"的建设。

网仲院协助 Y 银行通过系统对接，打破了金融机构与仲裁委员会、律师事务所之间的案件传输壁垒，实现了不良贷款案件的快速批量处理（见图 6 − 1）。Y 银行通过网仲院可轻松对接仲裁委员会和律师事务所，大大缩短案件处理周期，最短可实现 1 个月内强制执行回款，平均可以达到 3 个月左右回款。相比诉讼到执行的 6 个月，大大缩短了时间。

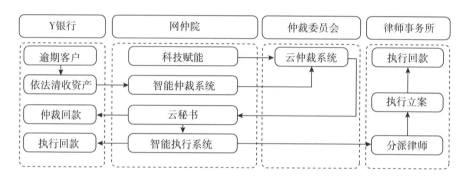

图 6 − 1 网仲院的业务模式

资料来源：网仲科技。

案件的执行问题是网仲院投入最多精力处理的问题。

在案件执行环节，网仲院有以下四大优势。

第一，建立了互联网仲裁案件执行数据库。针对互联网仲裁的执行难题，网仲院与全国 400 多家中级人民法院建立了联系，并且建立了动态的数据库，数据库的信息每 1～2 个月定期更新，网仲院第一时间掌握各法院对互联网仲裁的理解和案件执行标准的变化。

建立这个数据库的作用在于，网仲院从法院的要求倒推，与金融机构、各地仲裁委员会沟通，推动金融机构提供更充分的信息和证据，促使各地仲裁委员会拿出更高质量的裁决，使得互联网仲裁的流程符合法院立案执行的相关要求，促进金融机构、仲裁委员会和法院的信息互通，减少信息断层。

第二，推动建立更受执行法院认可的仲裁程序。互联网仲裁的流程，也是网仲院着力辅助合作仲裁委员会改善的关键环节。重点在于兼顾公平与效率，提升互联网仲裁的公信力。

网仲院为此专门推出了智慧清收系统。这套系统包含案件管理、调解、仲裁、执行四大模块，打通了"调解—仲裁—执行—回款"的壁垒，真正实现了清收一体化。

第三，打通了与互联网仲裁相关的贷后法律清收的关键环节。在贷后，运用法律手段进行清收，不仅有互联网仲裁，还有诉前财产保全、调解和诉讼。网仲院从实际问题出发，打通了多个相关关键环节，可以综合运用多种法律途径尽最大努力帮助金融机构回款。比如，在诉前财产保全阶段，网仲院与支付宝、财付通达成合作，可以在诉前冻结欠款人的支付宝和微信支付的账户，使得欠款人主动与银行联系。

第四，降低互联网仲裁的执行成本。在拿到裁决书之后，贷后案件的执行主要依靠委托律师事务所与法院沟通。通常，因为互联网贷款相关案件标的额较小，律师事务所收取的费用较高。

通过大小额资产包的搭配，网仲院在这一环节可以将律师事务所收取的佣金降低20%，从而降低互联网仲裁案件的执行成本。

2. 帮助 B 消费金融公司大幅提升贷后管理能力

B 消费金融公司是国内知名的消费金融公司，其业务主要涉及线上、线下消费场景的分期业务。B 消费金融公司产品的特点为单笔业务额度低、客户所在区域分散。与此同时，其贷后管理难度也极大，案件标的低且客户所在区域分散，贷后催收需要投入大量人力，而且贷款人一旦进入高额逾期状态，往往会失联，常规查询手段成效低、处置难度高。B 消费金融公司在 2019 年 9 月与网仲院进行合作后，逐渐形成了贷后管理与依法清收相辅相成的业务模式，B 消费金融公司的贷后逾期数也得到了大幅度降低。其中，在 2020 年第四季度，该公司委托网仲院办理案件 1500 多笔，仲裁出裁率高达 99%，执行案件立案率也达到了 95% 以上，案件全流程处理时效提升了 300%，执行案件回款率提升了 80%。

网仲院在帮助消费金融公司运用互联网仲裁解决贷后问题时，主要有以下两大优势。

第一，使得消费金融公司运用法律手段收回欠款成为可能。消费金融案件涉案标的小，客户分散，走诉讼程序难以立案。运用互联网仲裁，可以使得消费金融公司的逾期案件得以立案，然后通过法律途径收回欠款。

第二，降低案件执行成本。由于消费金融案件涉案标的小，客户分散，所以执行成本较高。网仲院通过与当地律师事务所合作，可以节省案件执行成本。

（二） 处理逾期客户依法清收案例

1. 老赖周某在网仲院的依法清收体系下全额还款

某银行的逾期客户周某在 2019 年下半年通过该银行的手机客户端贷款 20000 元，但是还款 2 期后停止还款。银行工作人员联系周某督促其还款，周某以手头紧为由拒绝还款。

该银行是网仲院的合作机构，银行通过网仲院向仲裁委员会发起对周某的仲裁申请。仲裁委员会经过严谨的仲裁程序，最后出具裁定书。银行工作人员再次与周某沟通，但周某依然态度十分恶劣，且认为欠款没事。银行再次将该案件委托给网仲院，网仲院合作律师事务所的专业律师向周某普及法律后果，并告知周某若不按照裁定书执行将会成为失信人，不能乘坐飞机、高铁。

周某最终认识到了欠款逾期不还的严重后果，还清了全部欠款。

银行通过网仲院专业的依法清收体系，使得逾期不还款的周某还清欠款，使银行呆账成功变现。

2. 协同司法机关联系失联客户张某

某互联网金融平台的客户张某，在该平台借款成功后立即更换了手机号码、住址和工作单位。平台工作人员虽然多方查找，仍然无法找到该逾期客户。该平台的工作人员在寻找客户的过程中费时费力，还要时刻严守监管相关要求，难度非常大。

该平台无奈之下尝试与网仲院合作，但没有抱太大希望。网仲院通过依法清收体系，在案件进入执行阶段时，通过执行局的司法手段重新联系上了张某及其亲属。但是张某此时并无还清欠款的能力。在网仲院的努力协调下，张某与该平台达成执行和解，申请分期还款，最终在亲戚的帮助下，张某在 5 个月内偿还了全部欠款。

第七章
境外互联网仲裁发展及规则比较

一、境外互联网仲裁市场发展

境外互联网仲裁主要基于 ODR 的发展。近年来，一些知名的境外仲裁机构，除了开庭以外，立案、送达等都是通过电子邮件的形式进行的，信息化建设程度以及网络化程度较高①。

自新冠肺炎疫情暴发以来，互联网仲裁在及时化解纠纷、维护经济社会稳定方面发挥了巨大作用，一些知名国际仲裁机构纷纷通过线上模式处理、化解纠纷，保障仲裁程序顺利进行。2020 年 5 月 14 日，包括世界银行国际投资争端解决中心（The International Center for Settlement of Investment Disputes，简称 ICSID）、美国仲裁协会国际争议解决中心（American Arbitration Association – The International Centre for Dispute Resolution，简称 AAA – ICDR）、德国仲裁协会（Deutsche Institution für Schiedsgerichtsbarkeit，简称 DIS）、维也纳国际仲裁中心（Vienna International Arbitral Centre，简称 VIAC）、伦敦国际仲裁院（London Court of Interna-

---

① 刘宁，梁齐圣. 制度、技术、共联：线上仲裁机制建构的可能性三角——从新冠疫情对仲裁带来的挑战谈起 [J]. 商事仲裁与调解，2021（1）.

tional Arbitration，简称 LCIA）、国际商会仲裁院（International Chamber of Commerce International Court of Arbitration）、国际商事仲裁机构联合会（International Federation of Commercial Arbitration Institutions，简称 IFCAI）和贸仲委等在内的 13 家国际主要仲裁机构和组织联合发起了《Arbitration and COVID - 19》，呼吁国际仲裁机构增强数字技术远程协作配合，探索疫情下公平高效的仲裁审理方式①。

（一） 国际组织的互联网仲裁实践

早在 1999 年，世界知识产权组织仲裁与调解中心（World Intellectual Property Administration Arbitration and Mediation Center，简称 WIPO ADR Service）就制定了《统一域名争议解决政策》，开始使用互联网仲裁解决域名争议纠纷；2005 年，世界知识产权组织开发了电子案件工具，借助这一工具，当事方、仲裁员和仲裁机构可以在世界各地随时随地以电子案例文件的形式安全地归档、存储、搜索和检索与案例相关的意见书，并且在提交仲裁申请后，所有各方都会收到电子邮件提醒，并可以查看案例文件②。

国际商会仲裁院是典型的国际性商事仲裁机构，它独立于任何国家，案件所涉及的当事人及审理案件的仲裁员可以来自任何一个国家。国际商会仲裁院成立于 1923 年，其附设于国际商会（The International Chamber of Commerce，简称 ICC），主要职责是根据仲裁规则，通过仲裁的方式解决国际性的商事争议，促进国际商业活动正常进行。2004 年，国际

---

① 傅成伟. 国际主要仲裁机构共同发声：加强合作协同 积极应对疫情——贸仲加入国际主要仲裁机构发起应对疫情《联合倡议》［EB/OL］.（2020 - 05 - 20）［2021 - 04 - 02］. http：//www. ccpit. org/contents/channel_4132/2020/0520/1261903/content_1261903. htm.

② 魏沁怡. 互联网背景下在线仲裁的适用机制研究［J］. 河南社会科学，2020，28（7）.

商会便将信息技术应用于仲裁程序，2005 年上线了案件在线管理工具
"NetCase"，但一直未上线在线仲裁业务。近年来，ICC 高度重视信息技
术在仲裁中的应用。在新冠肺炎疫情暴发后，为保证仲裁活动顺利有效
地进行，ICC 发布《国际商会关于减轻新冠肺炎疫情影响的若干可参考
措施的指引》①，鼓励当事人通过电子方式发送仲裁材料，以及采取电话
或视频会议的方式进行庭审。2020 年，ICC 仲裁与替代性争议解决委员
会发布《国际仲裁中的信息技术》报告，其中提到了仲裁协议、仲裁庭
以及仲裁院如何使用信息技术的相关问题。为进一步规范电子送达及在
线庭审活动，2020 年 12 月，国际商会仲裁院发布了《2021 国际商会仲
裁规则》，为电子送达和在线庭审提供了明确依据。

此外，为便利中小微企业参与全球贸易，保护中小微企业合法权益，
推进跨境电商发展，2019 年 8 月，亚太经合组织经济委员会审议通过了
《APEC 跨境电商（B2B）在线争端解决合作框架》及《示范程序规则》，
推出了跨境电商小额争议在线解决机制。

（二） 部分国家和地区的互联网仲裁发展

1. 美国：从立法和技术上推动互联网仲裁发展

1996 年，美国自动化信息研究国家中心（the National Center for Auto-
mated Information Research，简称 NCAIR）、虚拟网络法学会（Cyberspace
Law Institute，简称 CLI）、美国仲裁协会（American Arbitration Associa-
tion，简称 AAA）、信息法律及政策的维拉诺瓦中心（Villanova Center for
Information Law and Policy）等共同推出了网络仲裁计划（The Virtual Mag-
istrate，简称 VMAG）。该项计划为 ODR 的三项实验性计划之一，其目的

---

① 《ICC Guidance Note on Possible Measures Aimed at Mitigating the Effects of the CO-
VID – 19 Pandemic》，https：//iccwbo. org/publication/icc – guidance – note – on – possible –
measures – aimed – at – mitigating – the – effects – of – the – covid – 19 – pandemic/.

在于利用网络科技将仲裁技术引进网络世界中，架构一套网络服务提供者（ISP）、网络系统用户以及消费者等主体间的网络纠纷解决系统。但由于 VMAG 的宣传不足，相关需求者并不了解其服务内容，该项计划以失败告终①。

作为制定 ODR 的先驱国家，美国一直积极推动其发展。美国联邦贸易委员会（Federal Trade Commission，简称 FTC）和商业部（Department of Commerce，简称 DOC）经常邀请来自全世界的政府部门、独立研究机构、商家、消费者组织以及个体消费者代表，就 ODR 的在线解决方案一起参与讨论。2000 年 6 月，FTC 和 DOC 联合举办了关于"电子商务领域的网络争议"的大规模研讨会，其中，大部分网络争议解决服务机构主张政府应为保障基本的网络特性设定基本规则，也有部分网络争议解决服务机构主张政府应对未成熟的环境进行早期干预。

此外，为进一步消除在线纠纷解决过程中电子签章和电子记录使用的法律障碍，1999 年 7 月，美国就已制定了《统一电子交易法》（*Uniform Electronic Transactions Act*，简称 UETA）。为进一步制定跨境电子商务 ODR 的国际统一规则，2010 年 2 月，美国向美洲国家组织提交了一揽子解决方案，核心文件是《跨境电子商务消费者纠纷的电子解决草案（示范法/合作框架）》。美国政府认为，建立一个全球性的、与现有司法体系并行的 ODR 可以有效解决现代型纠纷②。目前，AAA - ICDR 已经成为全球最大的 ODR 服务商，管理着全球最多的案件。

作为 ODR 的方式之一，互联网仲裁的发展也一直受到美国相关部门的高度重视，一方面，建立相关规则规范互联网仲裁的发展，AAA 在原

---

① 曲光毅，王晓鑫. 论我国在线仲裁制度确立的可行性路径——以美国经验为例［J］. 北京仲裁，2018（1）.

② 龙飞. 人工智能在纠纷解决领域的应用与发展［J］. 法律科学（西北政法大学学报），2019（1）.

有仲裁规则的基础上，制定了针对互联网仲裁的补充规则；另一方面，通过技术创新推动互联网仲裁的发展，AAA – ICDR 不仅成立专门小组负责互联网仲裁的发展，还积极探索人工智能技术在互联网仲裁中的应用，将人工智能应用于大量同类型案件和经验数据的分析中，帮助仲裁机构做出裁决。

2. 英国：世界上仲裁立法最早的国家，积极适应仲裁程序线上化趋势

早在 1697 年英国就制定了第一部仲裁法令，英国是世界上仲裁立法最早的国家。时隔近 200 年，为了对所有涉及仲裁的法律法规进行集中和统一，1889 年英国议会制定了世界上第一部仲裁法，进而促成伦敦国际仲裁院的成立。此后，英国仲裁法一直处在不断变革的过程中，经历了 1950 年、1975 年、1979 年以及 1996 年的不断修订。由于英国制定仲裁法的时间较早，初期法院对仲裁的干预较多，仲裁的独立性受到很大的影响。自 1979 年开始，英国不断弱化法院对仲裁法的干预，从而保障仲裁的独立性。英国的 1996 年的仲裁法从仲裁协议的选择、仲裁庭的组成、仲裁程序的适用、实体事项等方面进一步强化当事人的意思自治，体现仲裁的本质①。

如今，伦敦已经成为全球仲裁案件数量较多的城市之一。伦敦之所以成为仲裁的首选地，主要有以下几个方面的原因：①具有充分的立法保障；②纠纷解决程序具有灵活性；③能够在解决国际纠纷的过程中保持中立性；④解决纠纷的过程具有很强的保密性；⑤在工作语言和法律适用方面实行当事人意思自治；⑥执业人员具有很强的专业性；⑦具有充分的司法保障，伦敦有公信力极高的司法机构和法院系统，可以为仲裁服务机构等的良好运作提供重要支持；⑧能够提供令人满意的场地和保障服务，如口译员、笔译人员、速记员和信息技术服务。

在促进仲裁程序线上化发展的过程中，英国政府一方面积极推动数

---

① 漆彤. 伦敦国际仲裁院及其借鉴［N］. 人民法院报，2017 – 07 – 21（8）.

字技术立法；另一方面积极修订仲裁规则，以适应仲裁程序线上化的发展趋势。

随着数字技术的创新发展，法律与科技的融合变得更为深入。英国十分重视数字技术立法，2018 年 7 月，在司法部的支持下，英国成立了由政府、司法机构、学术界和监管机构的行业专家和领军人物组成的法律科技交付工作组（Law Tech Delivery Panel），为智能合约、分布式账本、人工智能等技术的发展提供法律保障，赋予了这些新技术清晰的法律定位和应用范围。数字技术立法有助于推动互联网仲裁的发展，可以为互联网仲裁过程中新技术的使用提供明确的法律依据。

在修订仲裁规则方面，伦敦国际仲裁院在 2020 年新版仲裁规则中，不仅提到要使用科技手段提高仲裁程序的效率，还明确了电子送达相关规定及线上庭审模式。

3. 新加坡：仲裁立法采取"双轨制"，制定远程仲裁庭审指引

新加坡的仲裁立法采取"双轨制"，即对国内仲裁、国际仲裁做出区分，法律依据分别为《仲裁法》（*Arbitration Act*，简称 AA）和《国际仲裁法》（*International Arbitration Act*，简称 IAA）。

在国内仲裁立法方面，新加坡早期的仲裁理念深受英国仲裁法的影响。1953 年，新加坡制定了第一部仲裁法《仲裁条例》，其内容、条例及形式等几乎与英国仲裁法完全相同。1979 年英国修订仲裁法后，新加坡又吸收了英国仲裁法的大部分的修订内容，于 1980 年颁布了新的仲裁法，并在 1985 年又对其进行了修改调整。在国际仲裁立法方面，1986 年，新加坡加入了《承认及执行外国仲裁裁决公约》。为积极融入全球经济贸易体系，顺应国际仲裁制度的发展，1991 年，新加坡国际仲裁中心（Singapore International Arbitration Centre，简称 SIAC）成立；1994 年，新加坡制定了《国际仲裁法》①。

---

① 苏艺靓. 新加坡仲裁制度新发展述评［J］. 东南司法评论，2017，10（00）.

根据伦敦玛丽皇后大学国际仲裁学院和美国威凯律师事务所 2018 年 5 月 9 日共同发布的《2018 国际仲裁调查》，在亚洲，新加坡已经成为最受欢迎的仲裁地。在推动互联网仲裁发展方面，新加坡制定了相关规定、指引规范不断促进其发展，在《新加坡国际仲裁中心仲裁规则》（2016 年版）中提出仲裁有关的任何通知、通信或建议，可以采用当面递交及挂号信和快递服务寄送，或通过任何一种电子通信方式（包括电子邮件和传真）进行递送。2020 年 8 月，SIAC 发布《新加坡国际仲裁中心关于远程仲裁庭审的指引》，对在线庭审做出了相关规定。

4. 中国香港：可提供全面的在线庭审服务

得益于发达的仲裁文化、仲裁立法以及先进的技术，香港的仲裁程序线上化程度较高。作为香港重要的仲裁机构，香港国际仲裁中心（Hong Kong International Arbitration Centre，简称 HKIAC）虽未制定专门的互联网仲裁规则，但仍旧支持互联网仲裁形式。自 2012 年起，HKIAC 便开始不断提高庭审设备质量，如今，已可以提供全面的在线庭审服务，其中包括：①视频会议，基于 IP（网络互连协议）地址的视频会议系统，最多可支持 8 个不同地理位置接入，基于云服务的视频会议，兼容于所有主流视频会议平台；②音频会议，与世界 80 多个国家或地区高速流畅对接，最多可支持 30 条线路同时接入；③电子卷宗，线上与线下电子卷宗服务；④证据的数据化展示，收集整合来自不同媒介的证据，以合理、便于阅览的模式在庭审中展现；⑤笔录，跨地域的现场或远程实时笔录；⑥翻译，现场或远程同声与交替传译①。

新冠肺炎疫情暴发后，HKIAC 于 2020 年 3 月 27 日推出了《COVID –

---

① 　佚名. 香港国际仲裁中心在线庭审：专业服务和成功经验［EB/OL］. （2020 – 05 – 06）［2021 – 04 – 22］. https：// www. hkiac. org/zh – hans/news/virtual – hearings – hkiac – services – and – success – stories.

19 期间的措施和服务连续性指引》，其中提到整个案件管理团队继续远程工作，整个仲裁过程可以根据适用规则通过电子邮件或其他电子方式交付文件①。根据 HKIAC 公布的数据，2020 年 2 月至 9 月，其收到的与庭审相关的问询中有 65% 涉及在线庭审服务，其中，4 月与 5 月，约有 85% 的庭审部分或全部采用在线庭审。

二、纠纷线上化趋势下， 境内外仲裁规则比较

信息技术对仲裁的影响主要集中于文书、通知及材料等的送达方式和仲裁的庭审形式上。相较于传统仲裁，互联网仲裁的送达方式变为电子送达，庭审方式转变为在线开庭。从境内来看，为适应互联网仲裁的发展，包括贸仲委、海仲委和广州仲裁委员会等在内的仲裁机构均已制定相应的互联网仲裁规则，对仲裁的申请和受理、组建仲裁庭以及开庭和裁决等整个仲裁程序进行了明确规定。不同于境内，境外的仲裁机构并未制定专门的互联网仲裁规则，而是在其原有的仲裁规则中对仲裁程序的线上化预留了政策空间，并且随着新冠肺炎疫情对仲裁程序的影响，为保证仲裁程序顺利进行，一些国际仲裁机构对原有的仲裁规则进行了调整，引入了对电子送达和在线庭审的相关规定。

（一） 关于电子送达的规定

合法有效的仲裁送达是决定仲裁裁决效力的关键因素，一方面，仲裁送达联系着仲裁程序的各个环节及各方当事人的仲裁行为，保障

---

① 佚名. HKIAC Measures and Service Continuity During COVID – 19 ［EB/OL］. (2020 – 03 – 27) ［2021 – 04 – 22］. https://hkiac. glueup. com/event/hkiac – measures – and – service – continuity – during – covid – 19 – 21349/.

仲裁程序顺利进行；另一方面，仲裁送达可以维护仲裁当事人的程序权利，使当事人充分参与仲裁过程。随着互联网仲裁模式的兴起，文书、通知及材料等由纸质形式变为电子形式，电子送达的方式不仅能很好地适应互联网仲裁的发展，还能够有效节约成本，提高仲裁效率。

虽然境内仲裁机构在互联网仲裁规则中均提到了电子送达的方式，但在实际应用中，由于《仲裁法》并未对送达做出相关规定，更没有提及电子送达的相关问题，因此，基于电子送达做出的仲裁裁决在仲裁实践中遇到了一系列法律问题。根据《民事诉讼法》第八十七条的规定，采用传真、电子邮件等方式送达诉讼文书，需要经受送达人同意，且判决书、裁定书、调解书不可采用以上方式。目前，业界对于仲裁裁决书的电子送达存在两种不同的观点：第一种观点认为，仲裁裁决书的送达应当依据仲裁规则而非《民事诉讼法》，2018 年，最高人民法院发布的《最高人民法院关于人民法院办理仲裁裁决执行案件若干问题的规定》明确规定，仲裁庭根据仲裁规则进行送达，当事人以该送达不符合《民事诉讼法》为由提出执行异议的，法院不予支持；第二种观点则认为，仲裁裁决书的送达应当受《民事诉讼法》的约定，这一观点在实践中也得到了普遍应用。

关于电子送达的问题，境外的争议点和境内的相同，即仲裁裁决书能否采用电子方式送达。目前，虽然一些国际仲裁机构在仲裁规则中提及了电子送达的方式，但在实际仲裁过程中仍存在较大争议（见表 7 - 1）。由于不同国家或地区的法律法规对原件或正本的认定标准不同，有些国家或地区认为电子裁决书不符合裁决书原件或正本的要求，也不满足仲裁员签名要求，故无法被法院执行①。

---

① 陈挚. 商事仲裁中的电子送达困境及解决路径 ［EB/OL］. （2019 - 09 - 09）［2021 - 04 - 02］. https：// mp. weixin. qq. com/s/xzg9OSDet3ks9yoZGq9aAA.

表 7 - 1 境内外仲裁机构的仲裁规则对电子送达的规定

仲裁机构	仲裁规则	对电子送达的具体规定
贸仲委	《网上仲裁规则》（2015 年版）	第 10 条规定："有关仲裁的一切文书、通知、材料等，仲裁委员会仲裁院采用电子邮件、电子数据交换、传真等方式发送给当事人或者其授权的代理人……向仲裁委员会仲裁院提交的有关仲裁申请、答辩、书面陈述、证据及其他与仲裁相关的文件和材料，当事人应当采用电子邮件、电子数据交换、传真等方式。"
海仲委	《中国海事仲裁委员会网上仲裁规则》（2020 年版）	第 11 条规定："仲裁委员会仲裁院通过网上仲裁平台、移动通信号码、传真、电子邮件、即时通讯账号等一种或多种电子方式进行送达。"
广州仲裁委员会	《中国广州仲裁委员会网络仲裁规则》（2015 年版）	第 10 条规定："电子送达可以采用传真、电子邮件、移动通信等即时收悉的特定系统作为送达媒介。"
国际商会	《国际商会仲裁规则》（2021 年版）	对 2017 年版本规则的第 3 条至第 5 条和附件五（紧急仲裁员规则）第 1 条进行了调整，为当事人通过电子邮件方式发送通知和文件的效力提供了明确的依据。如新版第 3 条第（1）款针对送达程序的要求做出了修订，现在仅要求当事人将书状（如仲裁通知书、仲裁答复书和紧急仲裁申请书）和书面函件"发送"给各方当事人、仲裁员和秘书处即可
AAA	《美国仲裁协会国际仲裁规则》（2000 年版）	第 18 条规定："除非当事人另有约定或仲裁庭另有指令，所有的通知、书状和书面通讯可以通过航空邮件、航空快递、传真、电传、电报或其他书面形式的电子通讯按照最后为人所知的当事人或其代表的地址或派人送达一方当事人。"

仲裁机构	仲裁规则	对电子送达的具体规定
LCIA	《伦敦国际仲裁院仲裁规则》（2020 年版）	第 4.1 条和第 4.2 条明确规定了申请人应当通过电子邮件、LCIA 电子系统等电子通信的方式向仲裁庭提交仲裁申请，答辩人也应当通过电子通信方式提交仲裁答辩，如果通过其他方式提交，应当事先取得 LCIA 的书面同意。此外，与仲裁有关的联络都应当通过电子邮件或者其他能够提供传输记录的电子通信方式进行。第 26.2 条规定，除非当事人另有约定或者仲裁庭、LCIA 另有规定，仲裁裁决应当通过电子形式签发
SIAC	《新加坡国际仲裁中心仲裁规则》（2016 年版）	第 2.1 条规定，任何通知、通讯或建议，可以采用当面递交、挂号信、快递服务寄送，或通过任何一种电子通信方式（包括电子邮件和传真）进行递送，或者通过其他任何适当的、能提供递送记录的方式进行递送
HKIAC	《香港国际仲裁中心仲裁规则》（2018 年版）	本规则中的"传送"指将书面通讯通过专人、挂号信、快递、传真、电子邮件或其他能够提供投递记录的电子通讯方式进行递送、传送或通知。 第 3.1 条鼓励仲裁参与方将依本规则发出的任何书面通讯上传至当事人同意使用的安全的在线储存系统

资料来源：各仲裁机构，零壹财经·零壹智库整理。

（二）　关于在线庭审的规定

在仲裁案件中，庭审是一道关键程序，参加庭审是当事人的重要程序性权利。除非仲裁规则另有规定或当事人另有要求，仲裁庭通常不会主动决定进行书面审理。在线开庭摆脱了开庭地点、开庭时间等的限制，可以极大地提高仲裁效率。

目前，境内仲裁机构在互联网仲裁规则中对在线庭审的形式做出了明确说明，即仲裁庭可以采用网络视频会议、电话会议等网上开庭方式，但仲裁机构也可以根据案件的具体情况采取线下开庭的方式。从各仲裁委员会关于在线庭审的规定可以看出，在线庭审是一种符合仲裁规定的开庭方式，但选择在线庭审时，应当充分考虑当事人的意见、案件的复杂程度、材料证据的多少、在线开庭服务的便捷性和平等性等因素。而对于在线庭审的具体程序要求，贸仲委在 2020 年 4 月 28 日发布的《关于新冠肺炎疫情期间积极稳妥推进仲裁程序指引（试行）》中，就在线庭审做了试行规范，对庭审活动的有关事项进行了详细规定。

在国际仲裁中，受新冠肺炎疫情影响，一些国际仲裁机构在仲裁规则中增加了在线庭审的相关规定。在国际仲裁中，在线庭审的工作流程主要包括六个步骤：①召开庭前会议；②当事人协商选择在线庭审平台、口译员等第三方服务机构；③签署在线庭审网络工作协议；④准备电子案卷；⑤进行庭前测试；⑥正式庭审①。从国际仲裁机构仲裁规则中关于在线庭审的相关规定可以看出，在当事人无特殊约定的情况下，仲裁庭可以根据案件情况选择庭审形式，即在线庭审属于仲裁庭的自由裁量事项。但前提是，在线庭审必须经过当事人同意，且保证当事人在仲裁过程中的合法权益。此外，在一些国际仲裁机构发布的仲裁相关指引中也可以看出这一趋势。比如，ICC 在《国际商会关于减轻新冠肺炎疫情影响的若干可参考措施的指引》中建议，仲裁庭在决定采用何种程序进行仲裁时，应考虑的因素包括但不限于：①新冠肺炎疫情所导致的后果；②庭审性质及时长；③案件复杂程度和出席人员的数量；④是否存在不得推迟程序的特别理由；⑤重新制定庭审时间表是否导致不必要的或过

---

① 谌莹云. 后疫情时代下的国际仲裁在线庭审（上）［EB/OL］.（2020 - 12 - 04）［2021 - 03 - 09］. https：// mp. weixin. qq. com/ s/ eOhFdsbqNGuozyW87vu3HQ.

度的迟延；⑥当事人是否需要为庭审做适当准备①。SIAC 在《新加坡国际仲裁中心关于远程仲裁庭审的指引》中建议，当事人和仲裁庭在决定采用在线庭审前，需要考虑以下因素：①远程庭审是否比线下庭审更高效；②是否可能采用远程庭审与线下庭审相结合的方式；③涉案合同或案件适用的实体法律或程序规则是否对在线庭审做出了约定或规定；④仲裁庭、当事人、证人和专家是否具备参加远程庭审所必需的硬件、软件及稳定的网络连接等条件②。

境内外仲裁机构的仲裁规则对在线庭审的规定如表 7 – 2 所示。

表 7 – 2　　　　境内外仲裁机构的仲裁规则对在线庭审的规定

仲裁机构	仲裁规则	对在线庭审的具体规定
贸仲委	《网上仲裁规则》(2015 年版)	第 33 条规定："开庭审理的案件，仲裁庭应当采用以网络视频会议及其他电子或者计算机通讯形式所进行的网上开庭方式；根据案件的具体情况，仲裁庭也可以决定采用常规的现场开庭方式。"
海仲委	《中国海事仲裁委员会网上仲裁规则》(2020 年版)	第 20 条规定："仲裁庭认为必要时，可以通过网络视频庭审、电话会议等适当的方式审理案件，也可以决定在线下开庭，但其他环节仍在线上进行。"
广州仲裁委员会	《中国广州仲裁委员会网络仲裁规则》(2015 年版)	第 24 条规定："仲裁庭认为必要时，可以通过网络视频庭审、网上交流、电话会议等适当的方式审理案件，但应当确保公平对待各方当事人。"

---

① 国际商会. 国际商会关于减轻新冠肺炎疫情影响的若干可参考措施的指引 [EB/OL]. (2020 – 04 – 19) [2021 – 03 – 25]. https://cms.iccwbo.org/content/uPlods/sites/3/2020/04/guidance – note – possible – measures – mitigating – effects – covid – 19 – Chinese. pdf.

② Singapore International Arbitration Center. Release of the SIAC Guides – Taking Your Arbitration Remote [EB/OL]. (2020 – 08 – 31) [2021 – 03 – 25]. https://www.siac. org. sg/images/stories/press – release/2020/Letter% 20from% 20SIAC% 20Court% 20President% 20Release% 20 of % 20SIAC% 20Guides. pdf.

续　表

仲裁机构	仲裁规则	对在线庭审的具体规定
国际商会	《国际商会仲裁规则》（2021 年版）	第 26 条第（1）款规定"在任一当事人要求开庭时，或者当事人虽未要求但仲裁庭自行决定开庭审理时，案件应当进行开庭审理。案件决定开庭审理的，仲裁庭应当以适当方式通知当事人在其确定的时间和地点出席开庭。仲裁庭可在协商当事人之后，基于案件有关事实与情形，决定开庭将会以现场出席或者通过视频会议、电话或者其他适当的通讯方式进行。"①
AAA	《美国仲裁协会国际仲裁规则》（2000 年版）	未做出明确规定
LCIA	《伦敦国际仲裁院仲裁规则》（2020 年版）	第 19.2 条明确规定仲裁庭审可以通过电话会议、视频会议及其他电子通讯方式等非面对面的方式进行，并且明确规定当事人及其他仲裁参与人（如专家、证人）可以在任意地理位置参加庭审
SIAC	《新加坡国际仲裁中心仲裁规则》（2016 年版）	第 24 条"开庭审理"未明确规定可适用在线庭审；但该规则第 19.1 条规定："仲裁庭在征询当事人的意见后，应当以其认为适合的方式进行仲裁程序，以确保公平、快捷、经济、终局地解决争议事项。"
HKIAC	《香港国际仲裁中心仲裁规则》（2018 年版）	第 13.1 条指出："以本规则的规定为限，仲裁庭应考虑争议的复杂程度、争议金额和科技的有效使用，而采用适当的程序仲裁，以避免不必要的延误和费用，但该程序须保证各方得到平等的对待，且各方得到合理的机会陈述其案。"

资料来源：各仲裁机构，零壹财经·零壹智库整理。

---

① 陈聪，马晓欧. 2021 版《国际商会仲裁规则》修订内容解读［EB/OL］. （2021 - 02 - 25）［2021 - 03 - 09］. www.tiantailaw.com/CN/05 - 12519.aspx.

三、全球互联网经济背景下，境内外仲裁协作

在全球互联网经济蓬勃发展的背景下，互联网仲裁已经成为国际商事领域纠纷解决的重要途径。不断推进境内外仲裁协作，积极践行"走出去"战略，能够在国际互联网仲裁领域抢占先机，进一步推动我国国际商事仲裁的发展。

2018 年 12 月 31 日，中共中央办公厅、国务院办公厅在《关于完善仲裁制度提高仲裁公信力的若干意见》中提出，要建立区域性仲裁工作平台，共享资源，推动仲裁区域化发展；支持有条件的仲裁委员会积极拓展国际仲裁市场，逐步把发展基础好、业务能力强的仲裁委员会打造成具有高度公信力、竞争力的区域或者国际仲裁品牌。中华人民共和国司法部部长在 2019 年 3 月 28 日召开的全国仲裁工作会议上提出了"中国仲裁 2022 方案"，表示将全力支持培育具有全国乃至全球影响力的仲裁中心。

从 1956 年我国设立对外贸易仲裁委员会（已改名为"中国国际经济贸易仲裁委员会"），到 1987 年我国正式加入《纽约公约》及 1994 年《仲裁法》的颁布实施，再到近年来境外仲裁机构被允许在我国特定的自由贸易试验区内开展仲裁业务，经过 60 多年的发展，我国不仅积极修订仲裁相关制度以满足国际政策法规要求，还发展了一批有较大影响力的国际性商事常设仲裁机构，并且积极参与涉外仲裁案件，顺应国际商事仲裁发展趋势。

（一）　修订仲裁相关制度，适应国际仲裁发展

作为我国涉外仲裁机构，为顺应国际商事仲裁的发展，贸仲委在吸收借鉴国际仲裁积极成果的基础上，在现有法律规定的框架内，对仲裁规则不断修改完善。贸仲委的现行仲裁规则为《中国国际经济贸易仲裁

委员会仲裁规则》（2015 年版），该版仲裁规则突出了国际化特征，努力适应仲裁的国际化发展（见表 7 - 3）。

表 7 - 3　　《中国国际经济贸易仲裁委员会仲裁规则》（2015 版）修订情况

序号	修订思路	具体修订内容
1	实现改革目的	对有关管理案件职能部门进行了调整，贸仲委增设仲裁院，贸仲委分会下设分会仲裁院，明确贸仲委仲裁院及分会仲裁院代替贸仲委秘书局和分会秘书处履行仲裁规则规定的管理案件的职能。特别需要说明的是，贸仲委增设仲裁院系其内设部门职能分工的变化，贸仲委名称没有变更
2	尊重当事人意思自治，完善程序设计，提高仲裁效率	在新规则中增加了"追加当事人""多份合同的仲裁"的规定，并修改"合并仲裁"条款，推进程序高效运行，节省当事人的仲裁成本
3	突出国际化	明确规定贸仲委香港仲裁中心管理案件的程序适用法为香港仲裁法；其裁决为香港裁决；当事人可以在贸仲委仲裁员名册外选定仲裁员；仲裁收费实行机构管理费与仲裁员报酬分别收取的国际惯常做法等新内容。贸仲委以更加开放的姿态，积极融入香港国际仲裁实践，努力为当事人提供更加专业、高效和国际化的仲裁服务
4	促进国际商事仲裁的发展，借鉴国际仲裁先进的做法	增加紧急仲裁员程序的规定
5	—	修订送达方式、修改更换仲裁员的期限等其他内容

此外，为适应互联网仲裁发展的新趋势，广州仲裁委员会制定并发布全球首个互联网仲裁标准《互联网仲裁推荐标准》（参考国际惯例简称为"广州标准"）。目前，"广州标准"的第一部分——"开庭庭审标准"已经发布，后续的证据认证、仲裁程序等标准已在研究制定过程中，其中，"开庭庭审标准"包括互联网仲裁开庭所需的硬件、软件、数字安全、场地等标准，旨在为互联网仲裁程序的合法性、系统运行的安全稳定和文书质量的规范性提供基础保障。"广州标准"制定后得到了境外多家仲裁机构的认可和支持，截至 2020 年 10 月，已有来自新加坡、韩国、

匈牙利、埃及、南非、泰国、墨西哥、伊朗、巴西等 18 个国家和地区的境外机构和广州仲裁委员会签署了合作备忘录，共同推广"广州标准"。

（二） 积极参与涉外案件，提高仲裁服务国际化水平

近年来，随着"一带一路"倡议的深入发展，国际投资和经贸领域的争端逐渐增多，境内仲裁机构积极参与涉外仲裁案件，仲裁服务的国际化水平有所提高。目前，包括贸仲委、海仲委、北京仲裁委员会、上海仲裁委员会以及广州仲裁委员会等在内的多家境内仲裁机构均参与了涉外仲裁案件。近年来，各仲裁委员会受理仲裁案件的国际化因素明显增多。

以贸仲委为例，全年受理的涉外案件量已由 2016 年的 483 件增长至 2020 年的 739 件，增长率超 53%（见图 7 – 1）。其中，2020 年的 739 件涉外案件标的额为 377.9 亿元；双方均为境外当事人的案件为 67 件，再创新高，标的额为 37.3 亿元，同比增长 23.9%；涉外案件的当事人来自 76 个国家和地区，同比增加 4 个；外籍仲裁员共 76 人次参与审理案件 72 件；约定适用英文或中英双语的案件有 102 件；当事人约定适用的境外法律有香港法、开曼群岛法、英格兰法、韩国法等。

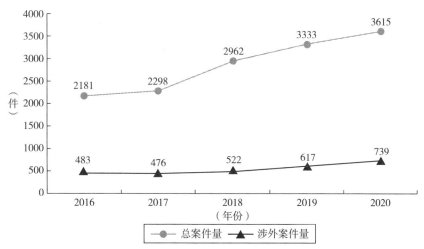

图 7 – 1　近 5 年（2016—2020 年）贸仲委受理案件量

资料来源：贸仲委，零壹财经·零壹智库整理。

（三）　与国际仲裁机构深化合作，为"走出去"做积极探索

为加强境内外仲裁协作，除积极引入境外仲裁机构外，境内仲裁机构还通过举办论坛、签署战略合作协议、在境外设立分支机构等方式加强了与境外仲裁机构的交流，为"走出去"做积极有益的探索实践。

1. 境外仲裁机构在境内的发展情况

我国仲裁业起步较晚，引入境外仲裁机构可以借鉴其成熟的模式和发展经验，有助于促进境内仲裁机构的发展。2011 年，《深圳经济特区前海深港现代服务业合作区条例》发布，鼓励前海深港现代服务业合作区引入国际商事仲裁的先进制度，首次从政策上明确允许引入境外仲裁机构。2015 年 4 月，国务院在《进一步深化中国（上海）自由贸易试验区改革开放方案》中提出："支持国际知名商事争议解决机构入驻"，进一步明确提出允许境外仲裁机构入驻。2015 年 11 月 19 日，HKIAC 在中国（上海）自由贸易试验区设立了代表处；2016 年 2 月和 3 月，国际商会仲裁院和 SIAC 也分别在上海设立了代表处。我国引入境外仲裁机构的想法从政策鼓励逐渐走向了实际落地。

为进一步规范境外仲裁机构在我国的发展，北京市司法局和上海市司法局均发布了境外仲裁机构在国内自由贸易试验区设立业务机构的管理办法。例如，上海司法局发布的《境外仲裁机构在中国（上海）自由贸易试验区临港新片区设立业务机构管理办法》（以下简称《管理办法》）指出，自 2020 年 1 月 1 日起，符合规定条件的在外国和我国香港特别行政区、澳门特别行政区、台湾地区合法成立的不以营利为目的的仲裁机构以及我国加入的国际组织设立的开展仲裁业务的机构，可向上海市司法局提出在上海自贸区临港新片区登记设立业务机构的申请，开展相关涉外仲裁业务。此外，《管理办法》还对仲裁案件受理范围、境外仲裁机构的资质条件进行了明确规定。

2. 举办国际论坛，签署合作协议，深化境内外仲裁交流

举办仲裁国际论坛，是境内外仲裁机构交流仲裁经验、学习先进仲裁模式的有效途径。根据贸仲委发布的《贸仲委 2020 年工作总结和 2021 年工作计划》，2020 年，贸仲委应邀加入了 13 家国际争议解决机构和组织发起的 "Arbitration and COVID – 19" 联合倡议，应邀参加联合国贸易和发展会议第 53 届年会，此外，还与国际商会仲裁院联合举办了 2020 年 "一带一路" 国际商事仲裁高级别对话会，与 SIAC 共同举办了 "新冠肺炎疫情背景下的国际争议解决" 2020 年度联合会议，与维也纳国际仲裁中心、德国仲裁院召开了线上会议和 "中德商事仲裁实务研讨会" 等，积极加强国际仲裁交流。

同时，境内仲裁机构还积极与境外仲裁机构签署合作备忘录，从多方面深化国际仲裁协作，推进双方仲裁制度、仲裁服务的互融互通。2020 年，广州仲裁委员会、深圳国际仲裁院等仲裁机构与境外仲裁机构签署了合作备忘录，积极推动双方仲裁协作。境内外仲裁机构合作情况不完全统计，如表 7 – 4 所示。

表 7 – 4　　　　　　境内外仲裁机构合作情况不完全统计

时间	合作仲裁机构	具体合作内容
2018 年 8 月	深圳国际仲裁院（SCIA）新加坡国际仲裁中心	双方将共同推广国际仲裁，以更好地满足企业需求，还将在中国和新加坡联合举办有关国际仲裁的会议、研讨会、研习班等活动
2020 年 3 月	广州仲裁委员会 泰国仲裁中心（THAC）	双方将在仲裁业务发展、仲裁员互荐、利用互联网仲裁技术等多个方面开展深度合作
2020 年 6 月	深圳国际仲裁院 新加坡国际调解中心（SIMC）	双方将充分利用各自在争议解决领域的优势，共同为当事人提供 "调解 + 仲裁（Med – Arb）" 的多元化纠纷解决服务
2020 年 8 月	广州仲裁委员会 新加坡海事仲裁院（SC-MA）	双方将共同推广商事仲裁制度，推进仲裁法律服务互融互通

续　表

时间	合作仲裁机构	具体合作内容
2020 年 8 月	广州仲裁委员会 南部非洲仲裁院（AF-SA）	双方将共同促进国际营商环境法治专业化、服务贸易自由化
2020 年 10 月	广州仲裁委员会 印度国际商事仲裁中心（CNICA）	双方将加强在专业领域的合作，通过合作举办国际会议、互荐仲裁员、共同推广《互联网仲裁推荐标准》（"广州标准"）等方式，推动仲裁事业在中印两国的发展

资料来源：零壹财经·零壹智库整理。

3. 境内仲裁机构在境外设立分支机构的情况

在境外设立分支机构是境内仲裁机构"走出去"的重要实践，有助于提升境内仲裁机构的国际竞争力和公信力，是推动中国仲裁国际化发展的必要途径。

目前，贸仲委已经在中国香港特别行政区设立贸仲委香港仲裁中心，在加拿大温哥华设立贸仲委北美仲裁中心，在奥地利维也纳设立贸仲委欧洲仲裁中心。2019 年 9 月 27 日，广州仲裁委员会正式挂牌成立中国广州仲裁委员会塞浦路斯仲裁调解中心。

第八章
互联网仲裁面临的问题与机遇

一、互联网仲裁面临的问题

目前，互联网仲裁面临的问题主要是执行难。

执行是通过司法途径解决贷后问题的关键。一般来说，互联网贷款产生坏账之后，放贷机构会进行电话催收或者上门催收，大部分欠款会在这一步收回。如果在这一步收不回坏账，放贷机构会通过司法途径解决。司法途径主要是仲裁、诉讼和公证（因为前期费用太高，所以在实践当中应用得较少）。仲裁与诉讼这两种途径会给出裁决书或判决书。但是，裁决书或判决书只有被执行才有价值，因为只有这样放贷机构才能拿回欠款，否则它们就是废纸。

零壹财经通过调研得知，从2017年到2020年，互联网仲裁的执行率一路下行。

零壹财经了解到，某公司从2017年开始尝试用互联网仲裁的方式帮助客户解决贷后问题。从2017年到2020年，该公司经手的互联网仲裁案件的执行率逐年下降。2017年刚开始尝试的时候，只要立了案，一般来说，对欠款人就具有较强的震慑作用，裁决书还没出的时候，一般回款率就能达到80%；但是到了2020年，即使出了裁决书，案件的执行率也不到 30%。

2018 年，河南省郑州市中级人民法院立案执行的网贷网络仲裁案件共结案 200 余件，结案方式包括执行完毕、驳回申请、终结执行、销案、终本、不予执行。以终结执行方式结案的，均是达成长期和解或者申请执行人在最高人民法院做出法释〔2018〕10 号①批复后主动撤回了执行申请；以驳回申请方式结案的均是因为存在"先予仲裁"情形被依法驳回；以销案方式结案的均是因为标的额小，财产所在地、被执行人户籍地在中院下辖市县基层法院管辖区域内，为提升执行效率而指定下辖市县基层法院执行②。

这带来的直接后果是，大量的"甲方"（放贷机构）不"买账"了，纷纷与互联网仲裁平台解除了合作。这在宏观上的体现是，2019 年全国运用互联网仲裁方式处理案件的数量较 2018 年降低了 42%。这进一步导致不少此前提供互联网仲裁相关服务的创业公司因为没有业务而退出了这个领域。

执行难可以进一步分为执行的立案难和立案之后的执行难。这个问题的出现与互联网仲裁这一新兴领域在发展初期对很多问题的认知存在争议有关，在一些关键环节上，金融机构、仲裁委员会、法院对问题的认识不完全一致，这需要在实践中进一步磨合。

（一） 执行的立案难

互联网仲裁裁决的执行，是由被执行人住所地或者被执行的财产所在地中级人民法院管辖的。要使得仲裁裁决被很好地执行，需要提供互

---

① 法释〔2018〕10 号指 2018 年 6 月 5 日最高人民法院公布的《最高人民法院关于仲裁机构"先予裁决"裁决或者调解书立案、执行等法律适用问题的批复》。

② 郑建庭，闫明，程雪迟. 网贷网络仲裁案件的执行［J］. 人民司法，2019（16）.

联网仲裁服务的公司和法院很好地对接。立案难的问题，既有互联网仲裁自身的问题，也有外部环境的问题。

1. 互联网仲裁自身的问题

互联网仲裁自身的问题，主要是互联网仲裁的质量问题，这会影响互联网仲裁的公信力，这是最根本的问题。

纵观全世界法院的工作执行情况来看，案件执行都很难。在任何一个国家或地区，司法资源都是有限的，因此能够被执行的案件本来就是有限的。通俗地理解，就是法院或其他司法机关中的人力资源有限，每年能够执行的案件量客观上是有上限的。

在这样的客观环境下，要想解决执行难的问题，提高仲裁裁决的自动执行比例是非常重要的。仲裁裁决被做出之后，法院强制执行的威慑力在于下达执行通知。一定期限内被执行人如果不还款或满足特定的条件，就将被列入失信被执行人名单，这将影响被执行人的征信记录，进而影响被执行人的出行、购物等实际生活。

如果一个仲裁机构是有公信力的，法院就没有理由撤销裁决。即使有的裁决不能被立刻执行，法院也没有理由撤销——这就会对被执行人形成威慑力。那么，被执行人就知道，仲裁裁决将被法院强制执行，其财产最终逃不过被执行的命运，这种情况下，仲裁裁决被执行的比例就会大大提高。

如果一家仲裁机构做出的裁决被法院判定为"不予执行"，这将对该仲裁机构的裁决公信力造成极大的损害。因为被执行人会查询到相关仲裁机构裁决书的执行情况，如果某仲裁机构有大量的裁决被法院裁定为"不予执行"，那么这个机构就会失去对被执行人的震慑力。因为被执行人会认为该机构做出的裁决被提交到法院后，法院可能会裁定其为"不予执行"，自己即使不还款，也不会产生什么严重后果。

实际上，经常借款的人、"老赖""羊毛党"等都是有社群的，相关信息的交流非常快。如果有一个人发现某家仲裁机构可能存在裁决公信力不足的问题，这个消息几乎很快就会传遍相关社群。因此，每家仲裁机构的裁决公信力如何，社群中会有所评价。

具体来说，互联网仲裁自身的问题主要有以下几个。

（1）关于电子送达的问题。

在互联网仲裁的实际应用中，仲裁的相关材料及文书多是通过电子邮件或短信送达的，许多法院不认可这样的送达方式。

其中的原因，湖北省荆州市中级人民法院的郑天铭曾在文章中进行过详细描述：出于成本的考量，仲裁机构在进行电子送达时，并不对邮箱是否为受送达人常用邮箱、手机号码是否仍在使用进行核对，结果造成被申请人往往并未收到相关仲裁材料，保障申请回避、提供证据、答辩等程序权利更无从谈起，部分案件甚至影响到正确、公正地裁决。如部分互联网仲裁裁决书并未查明申请人收取"砍头息"① 的违法行为，反而将之确认为借款本金②。

尽管不少合同中已经约定电子送达方式，但是它并未得到法院的认可。在一些案件中，因当事人双方签订的合同中载明"涉仲裁或诉讼纠纷相关材料均可以电子邮件或短信等形式发出，甲方接收之日视为送达之日"的条款，申请执行人（乙方）就此条款对甲方提起互联网仲裁。但法院认为，类似的条款为格式条款，且未对电子送达加以特别提示说明，不利于被执行人在签订协议时充分认识电子送达的含义，客观上也存在由于被执行人更换手机号码、弃用电子邮箱而未能收悉的情形。因而仲裁委员会未向双方当事人确认电子送达格式条款的内容，径行采用电子送达，无法充分保障被申请人的基本程序权利。③

---

① "砍头息"指的是高利贷或地下钱庄给借款者放贷时先从本金里扣除一部分钱，这部分钱被称作"砍头息"。

② 郑天铭. 办理网络仲裁执行案件的几点建议［N］. 人民法院报，2019－06－26（7）.

③ 谢愫. 从执行案件看网络仲裁的效力［J］. 法制博览，2020（32）.

因此，在互联网仲裁当中，电子送达带来的问题主要体现在两个方面：第一，目前法院并不支持提请互联网仲裁之前当事人双方签订的关于电子送达的格式条款；第二，电子送达虽然可以提高效率，但由于一方当事人有未能参与互联网仲裁的较大的可能性，因而当事人的程序权利无法得到充分保障。

（2）关于仲裁程序的问题。

早期，不少地方的仲裁委员会为了提高互联网仲裁业务的速度，省去了应有的法律程序，这在实际执行过程中无法充分保障当事人的合法权益，因此许多法院不认可这些裁决的公信力，不予立案执行。2020年12月23日，在《中国仲裁司法审查年度报告（2019年度）》新闻发布会上，最高人民法院民四庭庭长王淑梅指出，在互联网仲裁案件中当事人程序权利保障不足的情况较为突出，亟待规范调整。

比如，缺席仲裁就是互联网仲裁被广泛诟病的一个问题。绝大部分被申请人在互联网仲裁中缺席，未提出相应抗辩，部分申请人故意隐瞒被申请人已偿还的金额，故有的仲裁裁决全额支持了申请人的申请。此种情况，只有被执行人在执行环节提出抗辩时，经依法核查才能得以纠正[①]。被执行人的抗辩理由包括：未收到仲裁裁决书确认的借款金额、利息罚息违约金过高、服务费过高、已偿还金额未计入、未到期即催收、电话骚扰、暴力催收等。

这其中较为极端的是"先予仲裁"。所谓"先予仲裁"，指的是在欠款合同尚未履行或者未完全履行的情况下，仲裁机构就已做出具有法律执行力的仲裁裁决。有的仲裁协议甚至站在P2P平台一边，剥夺借款人的正当申辩权利，约定借款人必须"放弃提供证据""放弃答辩权"。2018年6月，最高人民法院公布了《最高人民法院关于仲裁机构"先

---

① 郑建庭，闫明，程雪迟. 网贷网络仲裁案件的执行［J］. 人民司法，2019（16）.

予仲裁"裁决或者调解书立案、执行等法律适用问题的批复》，认定"先予仲裁"违反《仲裁法》。最高人民法院的批复在实践中起到了很大的作用。比如，有法官在文章中提到，河南省郑州市中级人民法院在 2019 年以后立案执行的网贷网络仲裁裁决未再出现"先予仲裁"的情况①。

（3）互联网仲裁规则空白。

由于互联网仲裁的仲裁活动在互联网上进行，难免在诸多方面与传统仲裁不完全相同。这些差异，进入了一些法律上的空白地带。

首先是在线缔结的仲裁协议的效力问题。根据《仲裁法》第 16 条的规定，仲裁协议需要以书面的方式做出，但是线上协议属不属于以书面方式做出的，在《仲裁法》中并未提及。

其次是互联网仲裁中电子证据的质证效果问题。根据《仲裁法》第 45 条的规定，证据应该公开质证，这是确保双方当事人所提交证据真实可靠的重要前提。但是在互联网仲裁的过程当中，当事人提供的证据往往是原始证据的扫描件、复印件或者照片，一定程度有违"最佳证据"原则。

最后是互联网仲裁的私密性问题。根据《仲裁法》第 40 条的规定，仲裁一般不公开进行，但是互联网天然的公开性和共享性特征无疑是与之相冲突的。也正是基于此，我国几大仲裁机构的网络仲裁规则中才将书面审理约定为优先的审理方式。因而在当事人选择线上庭审时，如何确保庭审的私密性就存在问题。

2. 外部环境的问题

外部环境的问题，主要是各地法院对互联网仲裁裁决案件的强制执行的支持态度不一，有部分法院对此类案件的执行申请明确不

---

① 郑建庭，闫明，程雪迟. 网贷网络仲裁案件的执行［J］. 人民司法，2019（16）.

予受理或者裁定驳回。就全国来看，司法部门对互联网仲裁案件的执行并没有制定统一的标准或规范。与此同时，各地法院对互联网仲裁案件的执行并没有相应的考核要求，这影响到执行方面的积极性。

（二） 立案之后的执行难

立案之后，还有一个最终的执行难的问题，主要有以下几个原因。

第一，批量互联网仲裁裁决引发了执行问题。这主要是因为互联网仲裁案件基数庞大，导致执行难，各地中级人民法院因为工作任务、执行程序及考核标准等难以承担大量仲裁案件的执行工作。

目前，互联网仲裁裁决进入执行程序的越来越多，这类案件的总体特点是"标的小，数量大"，与普通执行案件相比，找被执行人更加困难。在此类案件中，被执行人失联的情况非常普遍。仲裁机构提供的被执行人电话往往无法接通，登记的地址也不是常住地址。执行人员为了找到被执行人需要耗费大量的精力。因此，互联网仲裁执行案件对司法资源的消耗非常大，成本收益并不匹配①。

第二，互联网仲裁执行案件的执行管辖较为分散，需要建立覆盖全国的执行能力，增加了较多的工作量及成本。虽然，企业要通过互联网仲裁来解决问题可以自由选择全国各地的仲裁委员会，但是，拿到裁决书之后，仲裁裁决是由被执行人住所地或者被执行的财产所在地的中级人民法院来执行的。一般来说，运用互联网仲裁途径的案件，多为发生在互联网上的案件，这样的案件一般遍布全国，不会集中在一个地方。这就会造成问题：拿到裁决书之后，企业需要到全国许多地方去申请执行，成本非常高。

---

① 朱嵘，夏从杰. 关于执行内容不明确处理机制的若干思考——以江苏法院的探索实践为样本［J］. 执行工作指导，2019（1）.

二、互联网仲裁未来的发展机遇

尽管目前还存在如上种种问题，但是随着生活的网络化、数字化程度越来越高，仲裁不会一直游离在互联网之外，互联网仲裁是未来必然的发展趋势。目前，互联网仲裁尚处于发展初期，未来面临巨大的发展机遇。

（一）　仲裁线上化趋势

根据《中国仲裁司法审查年度报告（2019 年度）》，截至 2019 年年底，全国共设立 260 家仲裁委员会，共有工作人员 6 万余人，累计处理各类案件 300 万件，标的额超 4 万亿元。这其中，有 31 家仲裁委员会采取互联网仲裁方式处理仲裁案件，案件数高达 20 余万件，占全国案件总数的 42.21%。

2020 年 12 月 23 日，在《中国仲裁司法审查年度报告（2019 年度）》新闻发布会上，司法部公共法律服务管理局一级巡视员姜晶在发言中透露，在 2020 年新冠肺炎疫情期间，各仲裁机构积极通过网上立案、网上审理等方式办理仲裁案件，为当事人提供了便捷高效的仲裁法律服务，也为推进复工复产发挥了重要作用；协同国家发改委、商务部，积极支持推进亚太经合组织在线争端解决机制建设工作，推荐有关机构参与试点工作，取得了积极进展。

现如今，仲裁场景和仲裁方式的线上化趋势已经非常明显。

第一，目前互联网仲裁的主要应用场景是互联网贷款的贷后环节，互联网贷款的规模未来会越来越大，这是由经济活动整体线上化的趋势决定的。

第二，在互联网金融这个场景之外，由于经济活动线上化的占比在提高，未来将有更多的线上经济活动，有更多的场景需要互联网仲裁提供法律服务。

对于仲裁方式线上化的趋势，现任海仲委副主任李虎曾在国内第一部研究互联网仲裁的专著《网上仲裁法律问题研究》当中进行过阐述。

首先，电子商务的发展需要与其发展程度相适应的纠纷解决方式。产生争议的电子交易本身基于互联网得以进行，那么互联网本身也就因此而成为解决此类争议的适当媒介。古老的商事仲裁必然要适应电子商务发展的实际需要，互联网仲裁即是现代电子商务发展的催生物。

其次，常规仲裁日益网络化以及最终实现无纸化也是常规仲裁今后的发展方向。

最后，互联网仲裁是在网络经济环境下尊重当事人意思自治原则的必然结果，也是在电子商务贸易的环境下追求并维护公平效益的仲裁价值观的必然结果。

（二） 政策及行业生态不断完善

在仲裁线上化的大趋势之外，具体到互联网仲裁的发展环境，也在朝着促进互联网仲裁发展的方向前行。一方面，对互联网仲裁的需求在日益增加；另一方面，互联网仲裁自身的发展环境也在不断改善，适应互联网仲裁发展的需要。

1. 金融领域的政策利好

从对互联网仲裁的需求来看，在金融领域，有两个方面的政策利好。

其一，2020 年 7 月开始施行的《商业银行互联网贷款管理暂行办法》将促进更多的商业银行合规开展互联网贷款业务。此前许多银行与助贷机构合作，贷后事宜由助贷机构处理。但是此后，由于《商业银行互联网贷款管理暂行办法》要求商业银行在互联网贷款业务中进行自主风控，银行需要自主负责贷后事宜，对互联网仲裁的需求将会大大增加。此前，互联网仲裁服务平台的客户主要是小贷公司、消费金融公司，未来银行将成为互联网仲裁服务平台的新市场。

2020 年 1 月 11 日，中国政法大学仲裁研究院举办了《仲裁法》立法体例等修法重大问题研讨会。中国银行业协会首席法律顾问卜祥瑞在此次研讨会上做了发言，谈到了银行业对互联网仲裁的需求："银行业迫切需要运用网络仲裁解决金融纠纷。银行业金融纠纷规模之大，可谓'贫穷限制了我们的想象'。银行业本外币资产近 300 万亿元。其中，普惠金融总规模占比也很大，有几十万亿元。银行业的网络借贷占比远远超出了社会上的 P2P。据有关人员披露，目前网络借贷司法解释草案并没有涵盖银行业的网络借贷，只规范了 P2P 司法问题，其实各地的 P2P 已经'团灭'了，只是后续问题待解决而已。《仲裁法》的修订应当充分考量金融业的实际，银行业对小微企业、个贷、消费金融、日常支付等业务大量采用网络运营模式，网络仲裁规范不可或缺，银行业迫切需要。最近一个时期我们行业协会也在积极调研网络借贷相关问题，积极推进网络业务争议解决。"①

其二，2021 年 1 月，《中国银保监会办公厅关于开展不良贷款转让试点工作的通知》下发。此次试点不良贷款包括：单户对公不良贷款、批量个人不良贷款。银行可以向金融资产管理公司和地方资产管理公司转让单户对公不良贷款和批量转让个人不良贷款。参与试点的个人贷款范围以已经纳入不良分类的个人消费信用贷款、信用卡透支、个人经营类信用贷款为主。

这是一个突破。目前银行对个人不良资产的处置手段相对单一，主要包括清收或核销，已试点 5 年的个人不良贷款资产证券化（ABS）规模也较小。批量个人不良贷款转让有望拓宽个人不良贷款的处置路径，为银行处置个人不良贷款提供多种选择。

---

① 卜祥瑞. "仲裁法"修订应关注行业仲裁、支持网络仲裁. ［EB/OL］.（2020 – 01 – 11）［2021 – 03 – 25］. http：// www. chinaarb. org/Information/Details/ 554894fa176f 4eeb8c5b2737a08ac641.

再进一步，市场上能够对个人不良贷款进行批量处置的途径并不多，互联网仲裁是较好的途径之一。对批量个人不良贷款进行处置，在初期的电话催收之后，就会进入法律清收环节。借助法律进行清收是未来的发展趋势，因为经法律确权的债权债务关系，其价值是受市场认可的，有更高的价格。而要进行法律清收，仲裁则是相对经济、高效的处置途径。因此，未来银行要处置批量的个人不良贷款，可能要更多地借助互联网仲裁。

2. 法治领域的政策利好

由于涉及互联网与法治的深度结合，互联网仲裁是受政策影响比较大的领域。

在法治领域，目前有几个方面的政策是利于互联网仲裁未来发展的。

第一，最高人民法院有推动建立健全多元化纠纷解决机制的决心。2005 年，最高人民法院颁布了《人民法院第二个五年改革纲要（2004—2008）》，首次提出了建立健全多元化纠纷解决机制的目标。此后，多元化纠纷解决机制被持续探索和建立。2015 年 12 月，中共中央办公厅、国务院办公厅联合出台了《关于完善矛盾纠纷多元化解决机制的意见》。2016 年 6 月，最高人民法院发布了《关于人民法院进一步深化多元化纠纷解决机制改革的意见》。多元化纠纷解决机制探索的重要动因之一是缓解法院"案多人少"的矛盾。因此，从某种意义上来说，为了更好地解决大量的纠纷，除人民法院外的纠纷解决方式是刚需。仲裁是除诉讼外，唯一可用的有司法裁判效力的法律清收途径。互联网仲裁未来的发展是以这样的刚需为基础的。

第二，2018 年 12 月 31 日，中共中央办公厅、国务院办公厅印发了《关于完善仲裁制度提高仲裁公信力的若干意见》（以下简称《意见》）。《意见》提出，应积极发展互联网仲裁，适应互联网等新经济新业态发展需要。《意见》的发布是对互联网仲裁领域的重大利好，指明了互联网仲裁的发展方向：要适应互联网等新经济新业态发展需要，依托互联网技术，建立网络化的案件管理系统以及与电子商务和互联网金融等平台对接的仲裁平台，研究探索线上仲裁、智能仲裁，实现线上线下协同发展。同时，对前期仲裁领域出现的一些乱象予以了纠正，如严格规范仲裁委员会的设立和换届有关工作，切实保障仲裁委员会依法独立开展工作，坚决纠正扰乱仲裁发展秩序的行为等，重整了行业秩序，规范了行业发展。这有利于提高仲裁的公信力，提高仲裁案件的执行率，从而使仲裁得到社会各界更多的认可和应用，有利于仲裁领域的长远发展。

第三，2021 年 1 月 21 日，最高人民法院就《关于人民法院在线办理案件若干问题的规定（征求意见稿）》公开征求意见，明确了在线参与诉讼和人民法院在线办理案件的相关规则，如在线立案，电子材料提交，区块链证据的效力，在线庭审公开，电子送达方式、范围和条件等，这意味着未来在线参与诉讼和法院在线办理案件都有了可参考的标准。这将大大推动互联网仲裁的发展。此前，许多地方法院对互联网仲裁案件不予执行，重要的问题之一就是对互联网仲裁的不认可，包括不认可互联网仲裁方式，不认可互联网仲裁电子证据、电子签章的效力，不认可电子送达的效力等。法院明确了在线诉讼和在线审理的相关原则之后，互联网仲裁的电子证据、电子签章、电子送达、仲裁程序等都可以进一步参照在线诉讼相关规定，这可以推动各地法院对互联网仲裁的认可，从而提高互联网仲裁案件的执行率，最终提高互联网仲裁的公信力和社会认可度。

第四，法律清收的未来前景会越来越广阔。首先，随着全国扫黑除恶专项斗争的开展，互联网金融贷后的暴力催收得到了大力整治，未来催收将越来越规范、合法，依法清收将取代非法违规的催收方式。其次，个人破产制度的进步将使暴力催收越来越不可行，促进法律清收在实践中的应用。2020 年 8 月 31 日，《深圳经济特区个人破产条例》公布，个人破产制度正式破冰。这意味着，未来个人经过破产清算、重整或者和解后，可以依法免除未清偿债务。

3. 可推动改变的政策空间

第一，目前《仲裁法》正在修改当中，互联网仲裁将成为立法内容之一。《仲裁法》修改已经由中共中央全面深化改革委员会办公室做出决定，并由全国人大常委会纳入立法规划之中，成为全国人大立法项目，司法部具体负责该项立法工作的推进。2019 年 12 月 12 日，中国仲裁法学研究会收到了司法部公共法律服务管理局《关于委托开展重大理论课题研究的函》，承担了司法部《仲裁法》修订重大理论课题之一"互联网仲裁立法问题研究"的研究工作。

第二，仲裁机构的生存环境可能发生变化。目前，中国的仲裁机构行政化色彩较浓，但是未来仲裁机构的民间化是发展趋势。随着我国对外开放的不断深化、市场经济的逐步发展、国际交往的日益增多，行政仲裁出现了许多问题，如行政干预、地方保护等，改革刻不容缓。仲裁机构民间化有诸多益处。对于政府而言，在不动用纳税人税收和国家公权力的前提下，利用民间的力量裁断纠纷，化解矛盾，缓解法院压力，不仅社会成本低廉，而且避免了公权裁断经济纠纷带来的责任和风险，在维护社会稳定、促进经济发展中发挥了诉讼无可替代的作用。同时，仲裁的民间性质可以使之超越意识形态、政府间关系的波动、国家司法主权等藩篱，成为维护本国当事人在国际交往中的竞争优势和合法利益的重要手段。具有民间性质的仲裁具有行政机构无法替代的价值。不过，这一过程可能不会太快，因为《仲裁法》的核心就是将行政仲裁变为民间仲裁，但是经过多年的发展，实践中行政仲裁并未得到根本改变。不过，如果这一步因为《仲裁法》的修改而有了突破，未来仲裁机构的生存环境就可能发生根本性的变化，各家仲裁机构之间将充满竞争。仲裁机构要想得到长久、稳定的发展，要想获得并提高公信力，只能依靠专业、公正、高效、高质量的服务，而做不到这些的仲裁机构会被市场淘汰，这对仲裁机构而言是一个生死抉择。如果这一改变发生，互联网仲裁的质量提升也是必然的趋势①。

第三，在具体的工作机制方面，现在互联网仲裁裁决案件执行难的原因之一就是法院对互联网仲裁案件的执行没有考核要求。目前，业界也在试图与最高人民法院沟通，推动互联网仲裁与法院执行工作对接机制方面的改进，比如推动互联网仲裁案件的执行与线下案件的执行分开考核。如果这些机制改进能够实现，互联网仲裁案件的执行率将得到大幅提升。

（三） 应用领域不断拓展

目前，互联网仲裁主要被应用在互联网金融领域的贷后环节。未来，互联网仲裁有可能被应用到更多的领域，不过可能还需要一段时间。

比如，在商事仲裁机构开展互联网仲裁业务后，中国许多地区的劳动仲裁机构也开始探索互联网仲裁业务。例如，深圳在 2018 年启用劳动人事争议 E 仲裁服务平台，深圳市民可以在网上申请劳动人事争议仲裁，仲裁机构主要借助线上开庭的形式处理纠纷。②

---

① 左菲. 在路上——我国仲裁机构民间化的改革 ［J］. 魅力中国，2009 （34）.

② 魏沁怡. 互联网背景下在线仲裁的适用机制研究 ［J］. 河南社会科学，2020，28 （7）.

附录　业界专家访谈

一、海仲委副主任李虎：互联网仲裁是必然趋势，只是需要时间

危与机，对互联网仲裁来说，从未像今天这样并存。

危机在于，2018 年以后，互联网仲裁遭遇到了前所未有的信任危机，裁决执行难成为一个大问题。

机遇在于，互联网仲裁目前主要应用于解决互联网金融的贷后问题，互联网金融未来发展空间巨大。与此同时，随着社会生活的线上化程度逐步提高，仲裁的线上化程度也会越来越高。

海仲委副主任李虎被称为中国"网络仲裁第一人"。2000 年，李虎在贸仲委仲裁研究所工作时，负责筹组内地唯一的网络域名争议解决机构——贸仲委域名争议解决中心，之后该中心在 2005 年 7 月启用"贸仲委网上争议解决中心"名称，这是中国第一个互联网仲裁机构。

从 2000 年至今，李虎亲历了互联网仲裁的全部发展过程。并且，他曾对互联网仲裁的法律问题进行过系统性的深入研究，他的博士学位论文《网上仲裁法律问题研究》出版后成为中国第一部关于互联网仲裁法律问题的专著。

对于如何看待互联网仲裁的现状和发展过程中遇到的问题，零壹财

经·零壹智库对李虎进行了专访。

零壹财经·零壹智库： 2000 年您在贸仲委仲裁研究所工作时，负责筹组内地唯一的网络域名争议解决机构——贸仲委域名争议解决中心，开始了对互联网仲裁的探索。当时是什么样的机缘让您接触到这个问题的？

李虎： 1999 年，中国互联网络信息中心在其管理工作中接到了有关域名纠纷问题的反馈，这些域名纠纷问题包括域名侵犯他人的注册商标专用权、域名与他人商标混淆性相似、对他人商标构成"淡化"等。

当时，由中国互联网络信息中心自己来解决这类纠纷有些困难。一来中国互联网络信息中心是个管理机构，如果由它来解决域名纠纷，有"既做运动员，又做裁判员"的冲突；二来中国互联网络信息中心也没有那么多的专家资源来审理裁决案件。因此，遵循国际惯例，中国互联网络信息中心决定委托贸仲委在线解决域名纠纷。

中国互联网络信息中心之所以委托贸仲委来做这件事，是因为贸仲委和海仲委是中国成立最早的两家"国"字头的仲裁机构，贸仲委成立于 1956 年，海仲委成立于 1959 年，两家机构在国内外均具有较高的公信力。

零壹财经·零壹智库： 据了解，您当时不仅尝试用互联网仲裁的方式解决域名纠纷，还研究过互联网商事仲裁。您对互联网商事仲裁的研究是从什么时候开始的？

李虎： 实际上，2000 年，在解决了域名纠纷问题之后，我就着手研究互联网商事仲裁的问题了。因为当时电子商务在中国已经出现，阿里巴巴创立于 1999 年，淘宝创立于 2003 年，当时已经有电子商务方面的纠纷找到我们（贸仲委）。

在网上进行商事仲裁比解决域名纠纷要更复杂一些。解决域名纠纷问题总体上属于域名注册管理机构监管的范围，不受《仲裁法》约束，裁决做出之后，是由中国互联网络信息中心授权的域名注册服务商来执行的，不需要司法机关参于执行。但是，要在网上进行商事仲裁，还要考虑法律问题，仲裁程序需要满足《仲裁法》的要求。当时我正在中国政法大学攻读博士学位，因为当时"网上仲裁法律问题研究"这个题材比较前沿，我也很感兴趣，在工作实践中也有相应的思考和心得，就将它作为了我的博士学位论文选题。

后来，在 2008 年，我负责起草《中国国际经济贸易仲裁委员会网上仲裁规则》，并于 2009 年正式发布，这是世界上第一个由主要仲裁机构发布的单行本互联网仲裁规则。当时美国仲裁协会也有互联网仲裁规则，但它的规则是对其常规仲裁规则的补充，而不是专门的互联网仲裁规则。

零壹财经·零壹智库： 但是在此后，互联网仲裁在商事仲裁领域似乎没有获得很大的发展，这是为什么？互联网仲裁的大规模爆发现在一般被认为是从 2015 年广州仲裁委员会将互联网仲裁应用在互联网金融领域开始的。在 2000 年到 2014 年的 14 年，为什么互联网仲裁没有获得像今天这样大的发展？

李虎： 确实，互联网仲裁的大量应用是从互联网金融领域开始的，广州仲裁委员会是最早开展这一业务的机构之一。

在此之前，互联网仲裁没有获得像现在这样大规模的应用，主要有几个方面的原因。

第一，仲裁成本问题。一般来说，仲裁是一种高端的法律服务，专家裁判，由仲裁员对案件进行审理裁决，需要向仲裁员支付较高的报酬。而当时，电子商务的纠纷大多是小额纠纷，用仲裁来解决这类纠纷成本太高。从仲裁委员会自身来看，他们的主要精力用在处理普通大宗商事纠纷上，也就没有过多的精力处理这些批量的、小额的案件。

第二，在实践中发现，电子商务的小额纠纷，更适宜采用电商平台内部流程处理，平台内部就能够消化大部分问题。发展到现在，互联网仲裁主要处理批量案件，成本可以进一步摊低。

第三，当时互联网仲裁还是一个新事物，社会对它的接受度还不是太高。在涉及金额比较大的商事纠纷的仲裁当中，当事双方还面临案件的保密性和安全性等方面的问题。因为如果远程视频开庭的话，担心做不到完全保密，怕万一这个过程中出什么问题，毕竟涉及的金额比较大。

第四，互联网商事仲裁要落地，还涉及相应的法律问题。即使仲裁委员会通过互联网仲裁出具了裁决书，还涉及法院的司法监督问题，如果是涉外案件，还涉及裁决的域外承认和执行问题，以及执行地国家法院的态度问题。当时国内的情况是，只有一部《中华人民共和国电子签名法》，还没有《中华人民共和国电子商务法》。因此，整体的法律环境还有待完善。

零壹财经·零壹智库：现在互联网仲裁的发展遇到了一些问题，主要是执行难。您怎么看这个问题？

李虎：确实。我认为这是发展过程中产生的问题，主要有两个方面的问题，互联网仲裁还需要与现实磨合。

一方面，是效率与公平的问题。现在现实中发生的情况是，有的仲裁委员会出裁速度快，但是程序简化，未能充分保护当事人的程序权利，久而久之，法院对其裁决的认可度下降，影响机构声誉；有的仲裁委员会充分保障了流程，但是出裁速度慢，造成没有案源。这需要通过实践中大量的案件来尝试，最终形成各方都接受的方案。这也与当下这个发展阶段有关，与各个仲裁委员会的生存环境、发展策略不同有关。如海仲委目前也受理批量小额的互联网仲裁案件，但是我们非常慎重，因为我们非常重视自己的声誉。有些仲裁委员会，本身案源不多，希望能够通过接这样的案件来改善机构的状况，机构先发展起来之后，再寻求更高质量的发展，这个过程中就发生了一些问题。

另一方面，是审理、裁决、执行等不同环节之间的磨合问题。仲裁委员会出了裁决之后，要接受法院的司法监督，法院依法可予撤销或不予执行。这个过程需要时间，现在这方面进步很大，因为现在有了互联网法院，法院也会在线上审案子，因此对互联网仲裁的接受度会逐渐提高。多个环节都具备了条件之后，互联网仲裁才能获得更大的发展，它不是仲裁机构单方面努力就能实现的。

零壹财经·零壹智库：互联网仲裁还面临质疑，就是处理与消费者相关的问题时有失公正性。比如，一般来讲，仲裁调整平等的商事主体之间的纠纷，为了保证公平，双方要协商确定仲裁机构。但是目前，在互联网金融领域的应用当中，处理贷后问题时，一般是放贷机构单方面选定某个仲裁委员会，这从程序上来看，对大量的借款人是不公平的，因为放贷机构自行所选择的仲裁委员会大概率存在倾向性。

李虎：在欧盟，涉及消费者的案件是禁止通过仲裁来解决的。在中国，还没有这方面的禁止性规定。我认为这个问题是有解决方案的，并不是无解的。比如，放贷机构在与借款人签订协议时，需要让借款人明确知道所选择的仲裁委员会，并且需要让借款人有多个选择，不仅在选择哪家仲裁委员会上有选择权，而且在选择争议解决方式上也有选择权，借款人可以选择仲裁途径，也可以选择诉讼途径，这样就可以相对较为公平地处理这个问题。

零壹财经·零壹智库：所以，您其实对互联网仲裁未来的发展是比较乐观的？

李虎：是的。一方面，未来会产生很多互联网上的贸易纠纷，这些纠纷非常适合用互联网仲裁的方式来解决；另一方面，传统仲裁也在逐步线上化，如这次新冠肺炎疫情期间，互联网仲裁的应用就大大加强了，现在许多仲裁委员会都会提供互联网仲裁的相关服务。这个趋势是确定的，这在 2000 年的时候就已经很清楚了，只是在实际中真实发生还需要时间，需要各方面的条件都具备才可以。互联网仲裁非常适合处理发生在互联网上的批量的、格式化的、类型化的案件。

（访谈时间为 2021 年 3 月）

二、网仲科技副总经理孙晓峰：修一条互联网仲裁的"高速公路"

"现在正是互联网仲裁的蛰伏期，是需要弯下腰来好好干活的时候。"网仲科技副总经理孙晓峰向零壹财经·零壹智库表示。

2018 年起，由于在网络贷款贷后处理方面的便捷性，互联网仲裁成为大热的赛道。最高峰时，曾有几十家创业公司涌入这个领域。

可是，随后的两年间，互联网仲裁从高峰跌至谷底。由于 P2P 平台清退和互联网仲裁领域自身的乱象，互联网仲裁一方面失去了大量客户，另一方面遭受了诸多质疑。最高峰时涌入这个领域的创业公司，许多选择了退出。

在行业巨变中，网仲科技却坚持了下来。从 2018 年创立至今，网仲科技的平台上处理过的互联网仲裁案件已经达到将近 2 万件。虽然行业经历了起伏，但是网仲科技拿稳了自己的忠实客户。

不过，这在网仲科技看来并不够。"我们看好互联网仲裁未来的发展，我们希望能够更好地解决目前所面临的一些艰难问题，让更多人真正了解这个行业，真正了解互联网仲裁的价值所在。"孙晓峰表示。

1. 死磕执行难

从 2018 年创立开始，过去的两年间，网仲科技在推动互联网仲裁的案件执行方面花费了大量的心血。

互联网仲裁面临的最大难题是执行难。从 2017 年到 2020 年，互联网仲裁的执行率一路下行。这带来的直接后果是，大量的"甲方"（放贷机构）不买账了，纷纷与互联网仲裁平台解除合作。造成执行难的原因有两个方面：互联网仲裁自身的问题和外部环境的问题。互联网仲裁自身的问题，主要是仲裁裁决的质量问题。外部环境的问题，一方面是互联网仲裁案件基数庞大，导致执行难，各地中级人民法院因为工作任务、执行程序及考核标准等难以承担大量仲裁案件的执行工作；另一方面是法院不认可互联网仲裁的某些处理问题的方式。

对网仲科技来说，要想在市场上生存下去并发展壮大，解决问题是唯一的出路。因此，案件的执行问题是网仲科技投入最多精力处理的问题。

曾经有一家持牌金融机构，在运用互联网仲裁的方式解决贷后问题时遇到了很大的困扰。这家机构把案件送到四五家仲裁委员会进行仲裁，拿到裁决书之后却很少有裁决被立案执行。该机构曾就此问题找网仲科技咨询。网仲科技进行仔细分析之后发现，这些案件的裁决书错漏百出，有的地方逻辑都不对。研究之后，网仲科技建议该机构对照《网络仲裁规则》对欠缺之处进行补充完善。此后，网仲科技的团队拿着新的裁决与执行法院进行了有效沟通，帮该机构解决了难题。

案子做得多了，网仲科技发现，互联网仲裁整个流程当中涉及金融机构、仲裁委员会、法院三方，各方对许多问题的认知未必一致。如果把这个问题放在全国范围内来看，各个地方的理解千差万别。孙晓峰举了一个简单的例子，如案件当事人的身份证信息，司法系统要求身份证正反面必须印在同一张纸上，但金融机构要求分别印在两张纸上。在实际办案时，如果案件当事人的身份证信息不在同一张纸上，法院就不承认这个证据的有效性，就需要重新提供符合要求的资料，这大大延长了立案和执行的时间。

为了推动案件的执行，网仲科技做了一件事，就是与全国 411 家中级人民法院建立了联系，并且建立了动态的数据库，了解各家法院对互联网仲裁的理解和案件执行的标准。

之后，网仲科技从法院的要求倒推，与金融机构、各地仲裁委员会沟通，推动金融机构提供更充分的信息和证据、各地仲裁委员会拿出更高质量的裁决，使得互联网仲裁的流程都符合法院立案执行的相关要求。

近几年来，在业务推进过程中，网仲科技一直在与合作的金融机构、各地法院不断地沟通，努力消除外界对互联网仲裁的偏见，力图让大家认识到，互联网仲裁本身没有错，错的只是此前不少机构使用它的方式。

"我们非常希望能够将法院、仲裁委员会、金融机构这三方的信息相互沟通，促进互联网仲裁整个流程标准化。因为只有流程标准化，才能逐渐提高执行效率，更加有效地化解矛盾。"孙晓峰表示。

2. 流程标准化

要使流程标准化，并不像看上去的那么容易。

社会上对于互联网仲裁的流程，争议不小，焦点在于公平与效率的冲突。早期，为了使案件尽快拿到仲裁裁决，有的仲裁机构将互联网仲裁流程缩减，比如省去了开庭等环节，这样可以批量处理案件，大大节省案件处理时间，提高效率。但是，这样做带来的问题是，不能充分保障当事人权益，如果不开庭，被裁决人就没有充分表达自己意见的机会，可能带来不公平。实际当中，仲裁机构的裁决书出来之后，法院常常对这样的案件不予立案执行。可是，如果完全按照传统仲裁的流程和节奏进行，又不能提高效率，批量案件无法得到及时的处理。

因此，要使流程标准化，就必须兼顾公平与效率，在二者之间取得相对的平衡。

目前，网仲科技对此专门推出了智慧清收系统。这套系统包含案件管理、调解、仲裁、执行四大模块，打通了"调解—仲裁—执行—回款"的壁垒，真正实现了清收一体化。

①案件管理模块。网仲科技可以提供云端和本地化两种管理方式。如果合作的金融机构在云端部署了系统，网仲科技可以提供标准版 SaaS 系统，合作机构可以直接登录网仲院的 SaaS 系统，进行相关业务操作。如果合作机构选择本地化部署，可以采用 API 形式与网仲院系统进行对接；接入完成后，通过自有系统提交相关业务，这种方式的好处在于可以在本地进行定制化的开发。

②调解模块。网仲科技与具有公信力的机构合作，可以实现裁前、裁中、裁后调解。调解是提高案件回款率的有力途径。如果案件在进入互联网仲裁程序之前调解成功，就可以大大缩减案件处理时间和成本。目前，网仲科技已经与双鸭山仲裁委员会、哈尔滨仲裁委员会、齐齐哈尔仲裁委员会、七台河仲裁委员会等多家仲裁机构下属的人民调解中心达成了合作。

③仲裁模块。智慧清收系与各地仲裁委员会的系统对接，设置了立案、答辩、组庭、出裁等环节。在这个模块中，网仲科技提供的方案充分考虑了双方当事人的权益保护，这是后续案件能够被法院立案执行的关键。比如，在进入仲裁程序之后，智慧清收系统留出时间让双方当事人选择仲裁员，并且约定时间进行云开庭。孙晓峰告诉零壹财经·零壹智库，经过实际业务的尝试发现，一般来说90%的当事人不会选择开庭，但是这个程序不能省，因为这是为了给予双方当事人充分的权益保护而设置的。"不能单纯地把互联网仲裁作为一门生意来看待，它的根基是国家的司法体制，必要的程序必须遵守。"孙晓峰强调。

④执行模块。该模块是网仲科技着力深耕的。目前，智慧清收系统的执行模块已经覆盖了31个省市的182家执行法院，充分了解了这些法院的立案执行规则，能够最大限度地辅助法院提高案件处置效率。与此同时，网仲科技还自主研发了系统的案件分配策略，在案件的执行环节，

案件分配策略可快速分析案件因子，匹配最佳律师资源，降低维权成本，提高维权效率。

建立智慧清收系统是一项系统工程。现在互联网仲裁处理的案件绝大部分是互联网上批量的小额分散的贷款案件，这些案件标准化程度较高。但是，这些案件贷后处理的标准化程度极低，全国各地的法院、仲裁委员会处理这些案件的标准千差万别。网仲科技希望能够尽可能地兼容各个机构的不同要求，促使这些千差万别的要求能够在实践中渐渐靠近，最后形成一套或者几套相对一致的标准，从而推动此类案件在贷后处理上的标准化，逐步提高处置效率，修一条互联网仲裁的"高速公路"。

3. 为不良资产定价

尽管互联网仲裁目前尚处于低谷，但是网仲科技看好互联网仲裁的未来。

早在2016年，最高人民法院就发布了《关于人民法院进一步深化多元化纠纷解决机制改革的意见》。多元化纠纷解决机制的改革，有助于破解各级法院正面临的"案多人少"的矛盾。

与诉讼相比，仲裁具有独特的优势。首先，仲裁一般不公开审理，因为仲裁处理合同和财产方面的纠纷，有可能涉及商业秘密，所以以不公开审理为原则。这对于目前互联网仲裁的主要客户——金融机构来说，具备吸引力。一般来说，金融机构不愿意对外公开自己的坏账率，有保密的需求。其次，仲裁有"一裁终局"的原则，即仲裁裁决做出后，当事人就同一纠纷不能再申请仲裁或者向人民法院起诉。（但是，仲裁裁决被人民法院依法裁定撤销或者不予执行的，当事人可以重新达成仲裁协议申请仲裁，也可以向人民法院起诉。）这可以大大缩减纠纷解决程序，降低纠纷解决成本。最后，相比诉讼，仲裁实行协议管辖，没有级别管辖与地域管辖的限制，当事人在案件的管辖上有更大的选择权。因此，对于未来大量将要开展互联网贷款业务的各类金融机构来讲，互联网仲裁的刚需依然存在。

从互联网仲裁切入，网仲科技希望通过大量的业务积淀，未来能够为不良资产定价。孙晓峰告诉零壹财经·零壹智库，在运用互联网仲裁方式帮助金融机构解决互联网金融的贷后问题的同时，由于业务需要，平台上会沉淀贷后的全套数据，有了这些数据，就可以为批量小额分散的不良资产定价。这实际上可以帮助金融机构将不良资产这一潭死水给盘活，对整个金融体系来说意义重大。

未来，要想把互联网仲裁的服务做好，孙晓峰认为，拼的是运营能力。能否帮助合作机构尽可能多地回款，这是未来关乎这条赛道的创业公司能否生存的关键。而要促成回款，就需要能够促进法院、仲裁委员会、金融机构三方更好地沟通，这对运营能力是个关键考验。

（访谈时间为 2021 年 2 月）

三、亦笔科技 CEO （首席执行官） 谭义斌：区块链如何解决互联网仲裁业务痛点

随着互联网经济的发展，电子商务成为商业活动的主要交易形式，互联网金融纠纷和摩擦也越来越多。互联网仲裁可以为当事人提供便捷高效的纠纷解决服务，因此其创新和发展恰逢其时。

2020 年 1 月 21 日，最高人民法院发布《关于人民法院在线办理案件若干问题的规定（征求意见稿）》，向社会公开征求意见。这一规定的发布，将有利于推动在线案件办理的规范化发展。对互联网仲裁领域来说，这一规定的发布也会产生较为积极的影响，因为立案难、执行难问题是互联网仲裁面临的重大难点，在线案件办理的规范化发展，将在一定程度上缓解互联网仲裁的立案难、执行难问题。

目前，不良资产的贷后处置是互联网仲裁的重要应用领域。伴随互联网金融的快速发展，相关纠纷数量不断上升。标的金额小、案件数量

多、涉事人员分散度高是互联网金融纠纷案件的主要特点。互联网仲裁因成本低、效率高、无地域限制以及保密性强等优势，得到越来越多的金融机构的运用和重视。

在互联网仲裁的整个流程中，仲裁委员会负责审理案件并出具仲裁书，法院负责立案和执行。然而，对于仲裁委员会来说，自身的互联网化刚刚起步，处理互联网纠纷的能力有限。在这种情况下，如何才能将法院、仲裁委员会和金融机构三者之间打通，为金融机构的互联网纠纷解决提供司法通道？

作为一家"区块链+司法"的综合服务商，2017年，亦笔科技便联合广州仲裁委员会、微众银行推出了全国首个仲裁联盟链——仲裁链。在仲裁链中，仲裁委员会和金融机构作为节点参与其中，这样，三者间就实现了打通。

为何会将区块链技术应用到互联网仲裁中？又是如何打通金融机构和司法机构的？如何看待互联网仲裁行业的发展？就以上问题，亦笔科技CEO谭义斌和零壹财经·零壹智库进行了交流分享。

1. 利用区块链技术切入电子证据平台

2016年，亦笔科技的技术团队开始研究区块链技术，并着手探索区块链技术的具体应用。谭义斌表示："在研究过程中，我们发现区块链技术的核心应用场景之一是电子证据，因为证据真实性、合法性、关联性的'三性要求'与区块链技术的分布式、防篡改、高透明、可追溯的特性具有高度的匹配性。"

他还提到，当时，电子证据是银行业面临的一个痛点，银行有自己的一套贷后系统，但这套贷后系统很难与外部的审判系统打通，因为涉及不同的规则、不同的证据要素等，所以，我们从电子证据入手开始切入金融行业。

就这样，亦笔科技开始帮助银行搭建电子证据平台。"在做了电子证据平台之后，我们发现银行最大的痛点其实是不良资产处置。不管是在当时的环境下，还是在现在的环境下，由于法院的员额法官数量有限加之最高人民法院对诉源管理的要求，法院对辖区内的金融机构的案件数量有一些限制，希望大量的案件能够通过调解、仲裁等非诉讼方式解决，从而实现案件的分流。"谭义斌向零壹财经·零壹智库解释道。

经过近两年的沉淀，2017 年 12 月，亦笔科技与广州仲裁委员会、微众银行共同推出的首个区块链司法应用——仲裁链发布。借助区块链技术，仲裁链将实时保全的数据通过智能合约形成证据链，满足了证据的"三性要求"。一旦发生客户逾期还款，微众银行即可通过该系统将案件批量提交给广州仲裁委员会，广州仲裁委员会审核存证证据后，进行后续的仲裁流程，大大提升了案件的处理效率。

仲裁链推出后，亦笔科技想打通金融机构到司法机构的业务模式得到了验证。

2. 构建在线审判整体解决方案

在搭建电子证据平台的过程中，亦笔科技逐渐意识到，在线审判可能是一个更大的赛道。"如果在线审判体系不完善，金融机构的贷后数字化做得再好都没用，因为它们的案件没办法解决。"谭义斌这样说道。

互联网仲裁属于在线审判的一种方式。仲裁链的发布让亦笔科技实现了在在线审判领域的首次实践，之后，亦笔科技开始为仲裁委员会提供在线审判的整体解决方案。谭义斌介绍，在为仲裁委员会提供在线审判的整体解决方案的同时，银行、消费金融公司等会基于其业务诉求主动寻求仲裁机构来处理其违约案件。在在线审判的整体解决方案中，区块链电子证据系统是其中的一个模块，银行、消费金融公司等金融机构可以作为联盟链的一个节点加入。

为了提高仲裁裁决书的执行效果，亦笔科技在区块链电子证据系统上叠加了跨链服务。有关法律明确规定，仲裁裁决只能到被执行人所在地或被执行人财产所在地的中级人民法院进行立案执行。因此，在互联网仲裁过程中，被执行人、仲裁委员会同属一个地区，有利于案件的执行。"金融机构和客户通常会在仲裁协议中约定发生纠纷时争议解决所属的仲裁委员会，但互联网金融案件具有跨地域性，这样就可能会出现被执行人和约定的仲裁委员会不在同一地区的情况，这会使得仲裁效率和效果大大降低。我们通过叠加跨链服务，可以让当事人签订电子合同时就选择其身份证上的地址内的仲裁机构为约定的仲裁机构，通过区块链技术可以实现不同仲裁委员会对电子证据的认定，这样就可以把仲裁委员会连成一条线，随着仲裁委员会数量的增多，将更加有利于银行的选择。"谭义斌说道。

仲裁裁决做出之后，如何将裁决书递交给法院？谭义斌说，为解决这一问题，亦笔科技搭建了案件执行平台，这一平台上入驻了全国各地的律师事务所，金融机构可以通过案件执行平台将裁决书传递给合适的律师事务所，然后律师事务所按照规定的法律程序递交给法院。

从 2018 年 1 月与海仲委达成合作到现在，亦笔科技合作的仲裁委员会已分布于 8 个省份。对于亦笔科技互联网仲裁业务的未来发展，谭义斌表示，希望能连接更多的金融机构，连接的金融机构的数量越多，发生的案件类型越多，越有利于在线审判平台的迭代。

3. 互联网仲裁领域的发展

作为互联网仲裁领域的"耕耘者"，谭义斌也提出了一些对这一领域的看法。他提到了目前互联网仲裁行业在发展中存在的一系列问题：第一，作为一种新型的审判方式，互联网仲裁的仲裁程序等在法律上没有明确的规定，比如，实际中，仲裁案件被法院驳回的一个很重要的原因就是送达方式有问题；第二，在互联网仲裁发展的这几年，确实存在一些行业乱象，导致法院对互联网仲裁的认可程度较低。这些问题最终致使互联网仲裁产生立案难、执行难的问题。

谈及互联网仲裁行业未来的发展，谭义斌认为互联网仲裁对于不良资产的贷后处置是有重要意义的。互联网仲裁未来的发展，一方面需要健全相关的法律法规；另一方面也需要全社会的共同努力。

（访谈时间为 2021 年 2 月）

四、互仲科技 CEO 丁志刚：互联网仲裁迎政策利好，未来机会看三个方面

"互联网仲裁行业的发展已经见底，后面只会越来越好。"互仲科技 CEO 丁志刚在接受零壹财经·零壹智库专访时表示。

这一判断，不同于外界对互联网仲裁的普遍观感。2018 年到 2020 年，互联网仲裁的发展经历了一轮过山车，从 2018 年站上风口，到 2020 年跌落谷底。最高峰时，中国有几十家创业公司涌入这个领域，但是现在一大批公司已经退出了。

不过，在丁志刚看来，这正是触底反弹的开端。他告诉零壹财经·零壹智库，过去 3 年行业没有发展起来，主要有三个方面的制约因素：其一，互联网仲裁自身经历了前期的摸索；其二，互联网仲裁业务所服务的互联网金融行业经历了波折；其三，互联网与法治的结合、新经济业态对法治的推动也需要时间。

现在，丁志刚看到，这些因素都在逐渐向好。

面对这些利好因素，网仲科技实施了以下战略。

1. 建立第三方平台

2017 年 4 月，丁志刚在杭州创立了互仲科技。

当时互联网仲裁作为一个新兴领域，正显示出巨大的发展潜力。在互仲科技创办之前，2015 年 3 月，广州仲裁委员会成立了全国首个互联网仲裁平台，处理网上交易产生的纠纷。经过两年的实践，互联网仲裁在处理互联网消费金融所产生的批量小额债权方面的价值显现了出来。

彼时，丁志刚正在一家最早从事电子数据存证的公司担任高级副总裁，在大量的业务接触中，他逐渐意识到了互联网仲裁的价值。当时，这家公司有一块业务是为大量的互联网金融平台提供存证服务。但是丁

志刚发现，许多互联网金融平台在解决贷后纠纷时，进行仲裁或者诉讼的成本太高，打官司划不来。这使得相关业务在互联网金融行业推得比较艰难。

道理很简单，打官司本质上是打证据，电子数据存证是为了帮助公司保留证据，但是如果即使有证据，官司也没法打，那么要证据也没用。互联网仲裁正好可以解决这个问题，因为互联网仲裁可以大大节省仲裁成本，使得互联网金融平台用仲裁这个途径解决贷后纠纷在经济上变得有利可图。

当时，同样意识到互联网仲裁价值的，是各地仲裁委员会。不少地方的仲裁委员会都在尝试搭建网络平台，为当事双方提供服务。但是，这样的尝试很快便遇到了一个问题，那就是仲裁委员会的中立角色与服务者角色的冲突——在仲裁案件中，仲裁委员会扮演的是作为裁判者的仲裁庭的组织者和管理者的角色，始终应该保持客观中立；然而服务性平台运营的性质，却又让仲裁委员会不得不以服务者的身份为当事双方进行仲裁。角色的冲突让仲裁委员会自建互联网平台这件事遇到了困境。

经过前期的市场调研，丁志刚决定自己成立一家科技公司，搭建一个第三方互联网仲裁服务平台，连接仲裁委员会和金融机构，为解决大量纠纷提供仲裁技术服务。

当时，市场上还没有纯商业运作的第三方互联网仲裁服务平台。虽然那时平台的盈利前景也并不十分明晰，但是因为认准了互联网仲裁的内在价值，于是丁志刚和互仲科技开始了全新的探索。

2. 站稳脚跟

成立之后的一年多，互仲科技飞速发展。

2018年11月，丁志刚在接受媒体采访时，曾对外透露，当时互仲科技服务的付费客户已有将近50家。业务的效果也很不错，通过电话或者上门催收催不动的欠款，用互联网仲裁的方式，回款率大约可以达到40%。

但是，2018 年之后的两年间，互联网仲裁行业步入低谷。这一方面是行业乱象使得各地法院对互联网仲裁的裁决书的认可度大大下降，许多裁决书得不到执行，互联网仲裁的价值遭到质疑；另一方面则是 P2P 平台的清退使得互联网仲裁失去了一大部分案件来源，此前 P2P 平台的贷后纠纷在互联网仲裁案件中占相当比例。

在这样的情况下，互仲科技一直坚守在行业中，坚持提供合规的法律科技服务，目前其业务已经走到了行业头部。

从业务量来看，自互仲科技成立至今，已经有 20 万余件仲裁案件通过互仲科技平台进行处理。2020 年 12 月 23 日，最高人民法院召开新闻发布会，发布《中国仲裁司法审查年度报告（2019 年度）》，当时司法部公共法律服务管理局一级巡视员姜晶介绍，2019 年，全国有 31 家仲裁委员会采取互联网仲裁方式处理仲裁案件 20 万余件，占全国仲裁案件总数的 42.21%。丁志刚告诉零壹财经·零壹智库，这 20 万余件互联网仲裁案件当中，有 10 万件以上是通过互仲科技的平台进行处理的，在司法部登记在册的互联网仲裁案件中占比超过一半。

从用户来看，目前互仲科技的付费用户数已经达到了 100 多家，其主要客户是持牌消费金融机构和大型金融科技公司。

从 2020 年下半年开始，在前期提供互联网仲裁的法律科技服务的基础上，互仲科技的仲财通平台开始提供在线调解服务：仲裁委员会在线接受调解申请后，由仲裁委员会的调解员为金融机构的贷后纠纷提供调解服务。

这里的调解，指的是经过培训的专职或兼职的调解员，在案件仲裁立案之前或者仲裁立案之后、出裁决之前，帮助当事双方进行调解，以使得达到更好的回款效果。丁志刚向零壹财经·零壹智库强调，这里的"调解"不同于"催收"。催收，是催收公司接受放贷方的委托，向欠款人催还欠款；调解，则是调解机构接受调解申请，安排调解员为当事双方调解，立场相对中立，更兼顾双方利益。从 2020 年下半年至今，互仲科技处理的调解案件已经有 30 万余件，呈现出较大的市场需求和良好的发展势头。

3. 长期坚持深耕

经历了初期的波折，丁志刚相信，行业的发展会越来越好。

未来，互仲科技有两个方面的发展规划：一方面，要加大投入、深耕业务，把已有市场的业务量做起来；另一方面，跟随政策变化，拓展更多的业务场景。

这不只是互仲科技的美好愿望，而且是未来真实可见的政策调整趋势。2020 年以来，互联网金融和互联网仲裁相关行业的政策在不断调整，都在推动环境向更有利于互联网仲裁发展的方向转变。

在金融领域，有两个方面的政策利好。其一，2020 年 7 月，银保监会下发《商业银行互联网贷款管理暂行办法》，这在未来将促进更多的商业银行合规开展互联网贷款业务。其二，2021 年 1 月，《中国银保监会办公厅关于开展不良贷款转让试点工作的通知》（以下简称《通知》）下发，试点开展单户对公不良贷款转让和个人不良贷款批量转让，这是一个突破。根据此前的相关规定，个人不良贷款不得进行批量转让，对公不良贷款也只能以 3 户及以上的数目进行组包。《通知》一方面拓宽了不良资产转让类别；另一方面也放宽了不良资产批量转让要求，允许对公不良贷款以单户的形式进行转让。这两个方面的政策，都将拓展互联网仲裁的市场。

在法治领域，2020 年 1 月 21 日，最高人民法院就《关于人民法院在线办理案件若干问题的规定（征求意见稿）》公开征求意见，这将进一步推动案件的在线办理，进一步提高司法效率。对互联网仲裁领域来说，这是一个较大的利好。以往，互联网仲裁的效果卡在执行环节，如果该规定实施，未来能够推动执行环节提高效率。

未来，能否抓住政策利好，赢得长远发展，在丁志刚看来，主要取决于三个方面的因素：

第一，是否有较高的服务能力。早期，不少创业公司冲进来，靠关系拿到几个金融机构客户便开始开展业务。但是不少公司的专业服务能力不足，案件量增长之后，服务质量跟不上，造成用互联网仲裁途径解决贷后问题效果不佳，客户随之流失，公司无法持续经营。相反，创立以来，互仲科技逐步培育了法律科技服务能力，光研发投入就超过 3000 万元，专业能力成为服务质量的坚实保障，逐渐在行业中立足。因此，未来互仲科技仍然要加大技术和团队投入，深耕业务。

第二，能否把握好平台服务的独立性。作为互联网仲裁的服务平台，会有许多相关的数据沉淀，这需要平台秉持中立，这样才能赢得各方信任，得以持续发展。

第三，能否长期坚持。要长期坚持，需要公司维持现金流，具备融资能力，这对公司是非常现实的考验。

（访谈时间为 2021 年 2 月）

五、知仲科技 CEO 张天纬：重新看待互联网仲裁执行难

从 2018 年成立至今，北京知仲科技有限公司（以下简称"知仲科技"）作为第三方互联网仲裁服务平台的先行者却一直保持低调。

与此同时，自 2018 年到 2020 年，知仲科技连续三年默默支持中国仲裁法学研究会及中国海事仲裁委员会主办的每年一度的中国互联网仲裁论坛，紧跟互联网仲裁热点问题，积极参与学界和业界对相关问题的讨论。

截至 2020 年年底，知仲科技平台上已经连接了国内 24 家仲裁机构、国外 13 家仲裁机构，是零壹财经·零壹智库已知的连接仲裁机构最多的一家第三方互联网仲裁服务平台。

日前，知仲科技 CEO 张天纬接受了零壹财经·零壹智库的独家专访，系统讲述了知仲科技在波折中不断前行的故事。

1. 构建网络

知仲科技的故事开始于 2017 年 9 月。

此前，法律科技的热潮席卷法律和科技圈。法律科技，即 Law Tech（Law Technology 的缩写，也译作 Legal Tech），是指那些提升法律服务效率和体验的互联网技术、平台与服务。典型的应用包括项目管理、运营分析、知识分享、在线咨询，以及辅助法律从业人员进行信息检索、合规审查、案件预测等的专业法律服务的技术和产品。2015 年和 2016 年是法律科技领域的创业高峰期，新增企业数量达到峰值。

互联网仲裁也诞生于这样的热潮中。2015 年 3 月，广州仲裁委员会成立了全国首个互联网仲裁平台，处理网上交易产生的纠纷。经过两年的实践，互联网仲裁在处理互联网消费金融所产生的批量小额债权方面的价值显现了出来，并且回报丰厚，这使得互联网仲裁在 2018 年进入了发展高峰期。

恰在互联网仲裁发展高峰来临之前，知仲科技创立。张天纬向零壹财经·零壹智库回忆，当时法律科技领域有不同的创业模式，归根结底是为律师、法律机构、企业或者消费者提供法律科技服务，对比了各种商业模式之后，知仲科技团队选择了互联网仲裁这个赛道。

据零壹财经·零壹智库了解，自 2015 年开始，不少地方的仲裁机构都在尝试搭建网络平台，为当事双方提供服务。但是，这样的尝试很快便遇到了一个问题，那就是仲裁机构的中立角色与服务者角色的冲突——在仲裁案件中，仲裁机构扮演的是作为裁判者的仲裁庭的组织者和管理者的角色，始终应该保持客观中立；然而服务性平台运营的性质，却又让仲裁机构不得不以服务者的身份为当事人之间的争议案件进行仲裁。角色的冲突，让仲裁机构自建互联网平台这件事遇到了困境。

当时，不少第三方互联网仲裁技术服务系统开始兴起。从 2018 年起，知仲科技也转换思路，准备筹建第三方互联网仲裁服务平台。

刚开始，知仲科技的思路是，与其他第三方互联网仲裁技术服务系统服务商合作，构建一个全国性的仲裁机构网络。张天纬解释，这是法律服务行业天然的思维。因为在司法系统，有"管辖"的概念，这是司法系统为了合理配置资源而进行的分工。

管辖分为"级别管辖"和"地域管辖"，级别管辖从纵向上划分上、下级人民法院之间受理第一审民事案件的权限和分工，解决某一民事案件应由哪一级人民法院管辖的问题；而地域管辖从横向上划分同级人民法院之间受理第一审民事案件的权限和分工，解决某一民事案件应由哪一家人民法院管辖的问题。从当时的角度看，"合作"是最好的方式。

但从之后发生的实际情况来看，这种方式在不同行业实践的结果并不相同，合作并不是最适合早期互联网仲裁服务的发展方式。因此，知仲科技最终选择一家家去联系仲裁机构，与之建立合作。截至 2020 年年底，知仲科技连接了国内 24 家仲裁机构，国外 13 家仲裁机构，初步构建了网络，这也是零壹财经·零壹智库目前已知的连接仲裁机构最多的一张网络。与此同时，从 2019 年年底开始，知仲科技逐步接入了银行、信托、保险、融资租赁、持牌消费金融等行业的合作伙伴，平台上的案件量逐步增长。

2. 攻坚执行难

在知仲科技的网络逐步铺开的同时，互联网仲裁从高峰跌入低谷。

零壹财经·零壹智库曾经报道过互联网仲裁的执行难问题。从 2017 年到 2020 年，互联网仲裁的执行率一路下行。这是由于不少仲裁机构在初期为了追求经济利益，做出了许多有瑕疵的裁决书，结果这样的裁决被法院大量驳回，不予执行。随后，互联网仲裁全行业陷入低谷。

在这样的艰难环境中，知仲科技仍坚守在这个赛道上。2020 年，知仲科技平台上的案件量有了稳步的增长。

"执行难是个伪命题。"张天纬认为，纵观全世界的法院执行情况，案件执行都很难。在任何一个国家或地区，司法资源都是有限的，因此能够被执行的案件本来就是有限的。通俗地理解，就是在法院或其他司法机关的执行部门，每个执行法官的工作日程都已经被排满了，在人力有限的情况下，每年能够执行的案件量客观上是有上限的。

"仲裁的裁决应该追求更高的自动执行比例。这就是对仲裁机构公信力的考验。"张天纬向零壹财经·零壹智库解释，仲裁裁决被做出之后，法院强制执行的威慑力在于下达执行通知。一定期限内被执行人如果不还款或满足特定的条件，就将被列入失信被执行人名单，也就是俗称的"老赖"名单，这将影响被执行人的征信记录，进而影响被执行人的出行、购物、买房买车等实际生活。如果一个仲裁机构是有公信力的，那么法院就没有理由撤销仲裁机构的裁决。即使有的裁决不能被立刻执行，法院也没有理由撤销——这就会对被执行人形成威慑力。那么，被执行人就知道，裁决将被法院强制执行，其财产最终逃不过被执行的命运。

再进一步，张天纬向零壹财经·零壹智库解释，在大量被执行人这一端会发生的具体情形是：

如果一家仲裁机构做出的裁决在之后被法院判定为"不予执行"，这将对该仲裁机构裁决的公信力造成极大的损害。因为被执行人会在裁判文书网上查询相关仲裁机构裁决书的执行情况，如果某仲裁机构有大量的裁决被法院裁定为"不予执行"，那么这个机构对被执行人就会失去震慑力。因为被执行人会默认，即使不还款，也不会有什么后果，因为如果这个裁决被提交到法院，法院可能会裁定为"不予执行"，不会给被执行人带来任何不利影响。而相反，如果一家仲裁机构做出的裁决书极少被裁定为"不予执行"，被执行人就会知道，如果不执行，案子被提交到法院，法院不会驳回这个裁决，后果很严重。

实际上，经过调查，知仲科技了解到，经常借款的人、"老赖""羊毛党"等都是有社群的，相关信息的交流非常快。如果有一个人发现某家仲裁机构的公信力不足，这个消息很快就会传遍所有社群。因此，每家仲裁机构的公信力如何，社群中都会有所评价。

所以，"公信力才是核心，案件的质量才是核心。"张天纬反复强调，并且告诉零壹财经·零壹智库，对知仲科技来说，目前最重要的事就是练好内功，以过硬的服务与具有公信力的机构合作。

3. 守望百亿元市场

虽然目前行业处于低谷，但是知仲科技看好行业的未来。张天纬向零壹财经·零壹智库表示："我们对这个行业有足够的耐心。"

张天纬认为，未来，第三方互联网仲裁服务平台会有一定的集中度，但是不会一家独大。会有集中度，是因为互联网贷款案件小额分散，天然要求平台具有遍布全国的处置能力，因此连接仲裁机构多的平台会形成网络效应。不会一家独大，是因为互联网仲裁目前主要服务于互联网金融的贷后市场，对大型金融机构来说，从业务稳健的角度来考虑，贷后的相关业务不会只委托给一家供应商。

知仲科技的坚定，建立在对行业未来的基本判断之上。

首先，知仲科技看好法律清收的未来。随着全国扫黑除恶专项斗争的开展，互联网金融贷后的暴力催收得到了大力整治，未来催收将越来越规范、合法，法律清收将大面积替代不合规的催收方式。

其次，个人破产制度的进步将使暴力催收越来越不可行，促进法律清收在实践中的应用。2020 年 8 月 31 日，《深圳经济特区个人破产条例》公布，个人破产制度正式破冰。这意味着，未来个人经过破产清算、重整或者和解后，可以依法免除未清偿债务。

最后，在法律清收途径当中，仲裁是不可或缺的。互联网贷款的贷后法律清收，实际上就两条途径：诉讼和仲裁。诉讼，一般来说周期长、成本高，而且法院对诉讼案件的处理量极为有限，因为客观上来说法院的人力是有限的。互联网贷款案件的特点是批量小额，案件数量比一般的金融案件要多得多。

仲裁是除诉讼外唯一可用的有司法裁判效力的法律清收途径。而且，仲裁本身也具备多种优势，是备受当事人青睐的法律清收途径，其优势有保密性强（仲裁审理及结果，原则上均不公开）、效率高（仲裁一裁终局，即案件仅经过一次审理程序即可获得具有最终法律效力的裁决）、仲裁机构和仲裁员选择自由（当事人可以协议确定任一仲裁机构及选择仲裁庭人员组成）等。

（访谈时间为 2021 年 3 月）

致 谢

感谢网仲科技为本书提供的研究支持和案例支持。同时感谢广州仲裁委员会、微众银行、马上消费金融股份有限公司、成都律军风险管理股份有限公司、中国海事仲裁委员会副主任李虎、互仲科技 CEO 丁志刚、亦笔科技 CEO 谭义斌、知仲科技 CEO 张天纬、业内专家张瑞与王峙俊、览雨（上海）信息科技有限公司 CEO 刘锐等机构和个人为本书提供的调研支持。

注：以上机构和个人排名不分先后。

研究机构简介

零壹财经·零壹智库

金融与科技知识服务平台，2013 年成立于北京，建立了"传播 + 研究 + 数据 + 咨询 + 培训"等服务体系，覆盖金融与科技生态的主要领域，已服务超过 300 家机构。在北京、上海、深圳、横琴、武汉、重庆、成都、西安、天津等地建立了团队和机构。

零壹财经·零壹智库是中国互联网金融协会成员、北京市互联网金融行业协会发起单位并任投资者教育与保护专委会主任单位、中国融资租赁三十人论坛成员机构、湖北融资租赁协会副会长单位、广州融资租赁产业联盟理事单位。

零壹财经是金融与科技传播平台。建立了网站（01caijing.com）、App、微信公众号、微信小程序等传播平台，在人民号、今日头条、百度百家等 20 余家平台建立了文字、音频、视频等账号，形成了完整的传播矩阵，创建了零壹财经、01 区块链、零售金融观察、零壹租赁智库等 8 个自媒体品牌，累计阅读超 10 亿人次。

零壹智库是金融与科技研究、数据、咨询、培训和会议综合服务平台，建立了行业数据体系、研究体系，累计发布 380 余份专题报告、900 份数据报告，出版专业书籍 40 余部。为政府部门、金融机构、科技公司、国有企业集团等提供数字化转型、金融科技战略、新业务开发和品牌建设等深度咨询服务。零壹智库举办国际峰会、行业论坛、研讨会、发布会 100 余场，累计参会人次超过 3 万人，参与交流的行业高管、学术人士和主管部门人士超过 2000 人。

添加小壹客服微信

加入行业报告交流群

扫码进入零壹智库 Pro

获取更多深度报告

联合发布机构简介

网仲院

网仲院是北京网仲科技有限公司旗下不良资产处置的综合服务平台。网仲院自创立以来秉承"简洁、平等、高效、创新"的价值理念，聚集了大批高素质的专业人才，其法律专家均来自法院、仲裁委、律师事务所、互联网法律服务平台。

作为全国首批实现仲裁案件跨区域异地立案和强制执行的科技企业，网仲院拥有遍布全国的司法网络，与全国多家仲裁委员会和法院、律师事务所实现战略合作。

网仲院的产品服务主要分为依法清收和资产处置两大体系。在依法清收方面，网仲院推出了"四大服务板块"：在人民调解板块，与多家人民调解中心合作，实现裁前、裁中、裁后的调解，促进机构回款；在智慧仲裁板块，构建了仲裁服务云平台，可以帮助合作机构实现批量申请、批量出裁、高效出裁；在精准执行板块，通过搭建司法网络矩阵，严选优质律师跨区域执行立案，可实现强制执行促高效回款；在科技赋能板块，通过专业的技术实力，为合作机构及仲裁委员会等机构提供技术服务，推进社会诚信体系建设。在资产处置方面，网仲院利用多年的不良资产案件处置经验，配合实战经验丰富的数据模型专家，研发出了网仲院不良资产处置模型系列产品。通过机器深度学习及人工智能技术，精准分析不良资产价值，极速实现不良资产的定价，从而定制独有的交易策略。